Kathrin von Maltzahn

Mein Herz schlägt für

DÄNEMARK

DÄNEMARK REISEFÜHRER

Band I · Dänemark für Einsteiger

INHALTSVERZEICHNIS

Die Urlaubsorte in diesem Buch

Tornby
Lønstrup
Løkken
Blokhus
Nord-jütland

Gjellerodde
Vejlby Klit
Vester Husby   Fjand
Søndervig
Klegod
Hvide Sande
Årgab
Bjerregård   Bork
Henne Strand   Houstrup
Vejers Strand
Blåvand
Westjütland   Fanø
Rømø

Nordfünen

Hejlsminde
Kelstrup   **Süd-fünen**

Südjütland West
Südjütland Ost

Als   Ærø
Lange-land   Lolland

Møn
Falster

 URLAUBSORTE

*Wissenswertes rund
um den Urlaub*

 ... UND SONST NOCH?

DAS URLAUBSHANDBUCH

Wiederkehrende Elemente und kleine Helfer – Band I bis III

 **Unsere Tipps**

Das Herz im Text zeigt schnell, was wichtig ist und was der Ort zu bieten hat.

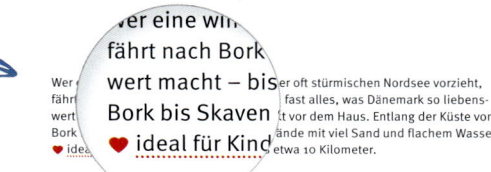

...er eine win...
fährt nach Bork
wert macht – bis...er oft stürmischen Nordsee vorzieht,
fährt... fast alles, was Dänemark so liebenswert... t vor dem Haus. Entlang der Küste von
Bork bis Skaven... ände mit viel Sand und flachem Wasser,
Bork... etwa 10 Kilometer.
♥ ide... ♥ ideal für Kind...

 Wandern &
Radfahren

⚐ laubjergs-
rosehave.dk

 **Randinfos – Wichtiges schnell erfassen**

Am Rand gibt's zu jedem Herz eine Erläuterung oder einen Link auf zusätzliche Informationen (Bindestriche am Zeilenende bitte nicht mit eingeben).

 Urlaub mit Hund

 Boote und Häfen

 Familienurlaub

 Wandern & Radfahren

 Angeln

 Geschichte

 Wassersport

 Naturerlebnisse

 Kunst und Handwerk

 Lokale Spezialitäten

 Symbole für jeden Ort

Wandern, Familienurlaub oder einsame Hundespaziergänge? Wir haben für jeden Ort unsere Empfehlung mit kleinen Symbolen markiert.

Praktisch! Schnell gefunden

Mit dem praktischen Daumensucher findet man beim Durchblät-
tern die Artikel zu den verschiedenen Orten schnell wieder.

QR-Codes scannen

Der QR-Code verlinkt direkt zum ausführlicheren Artikel auf
www.fejo.dk mit Strandbeschreibungen, Ausflugstipps, hilfreichen
Links und vielen schönen Ferienhäusern.

Immer sehen, wo es liegt

Die Übersichtskarte zeigt die genaue Lage des
Urlaubsortes und die Einteilung in Regionen, die
ähnliche Bedingungen bieten.

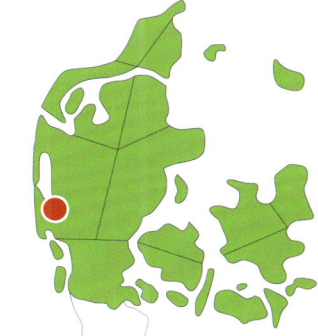

Nymindegab Fischerboot

EINLEITUNG

Ferienhausurlaub – dänischer kann man seine Ferien nicht verbringen

Ein Reisehandbuch für das schönste Urlaubsland im Norden

Urlaub in Dänemark – wer spürt da nicht den Wind in der Nase, Wellenrauschen im Ohr und Sand zwischen den Zehen, wer denkt nicht an handgezogene Kerzen oder Glasbläsereien, leckeres Softeis, sanfte Hügel mit toller Fernsicht, imposante Steilküsten oder die hyggeligen, kleinen Städte? Auch wenn Dänemark ein kleines Land ist, findet man ganz unterschiedliche Landschaften, die alle eins gemeinsam haben: Viel Natur, sehr viel Sand und überall blaues Wasser!

Gerade deutsche Gäste lieben die dänische Nordseeküste, weil es weder Strandkörbe, Kurtaxe noch betonierte Strandpromenaden gibt und der endlose Strand sich meist hinter den typischen Sanddünen versteckt. Die Strandbuchten an der Ostsee bieten dagegen ein milderes Klima und kinderfreundliches, flaches Badewasser. Dünen sind hier eher selten. Die Strände umgeben grün bewachsene Hügel oder weitläufige Wiesen und Felder sowie eine Vielzahl kleiner Städte, in denen es sich wunderbar schlendern und shoppen lässt.

Einen Urlaub in Dänemark verbringt man am besten in einem Ferienhaus, von denen es mehr als 200.000 im ganzen Land gibt. Sie sind alle in Privatbesitz. Etwa 35.000 davon werden das ganze Jahr über vermietet und laden den Gast ein, sich im persönlich eingerichteten „Sommerhus" wie zu Hause zu fühlen. Ein Kaminofen, viel Holz und typische Möbel von dänischen Designern gehören ebenso dazu wie eine windgeschützte Terrasse und naturbelassene Grünflächen rund ums Haus. An der Nordsee prägen Heidekraut und Strandhafer die Grundstücke. An der Ostseeküste, wo die Grundstücke oft an Gärten erinnern, sollte man sich im Frühjahr und Herbst dementsprechend auf ein etwas häufigeres Brummen von Rasenmähern, Schreddern oder Bandsägen einstellen. Dänen lieben Gartenarbeit, besonders im Frühjahr, wenn die ersten, grünen Knospen sprießen. Dafür blüht es dann im Sommer auch ganz besonders schön.

Band I dieses Reiseführers richtet sich an Urlauber, die das Land für sich entdecken wollen und Lust auf eine Auszeit in einem dänischen Ferienhaus haben. Willkommen in Dänemark!

Brevene må ikke

PO

 BASISWISSEN

Welche Gegend eignet sich für einen **Familienurlaub,** was muss man bei der Einreise mit **Haustieren** beachten, wie wird das **Wetter** und was kosten **Lebensmittel** in Dänemark? Einen kleinen Überblick über die Besonderheiten des Urlaubslandes Dänemark gibt es im Kapitel Basiswissen.

Ferienhaus Henne Strand

Ferienhausurlaub in Dänemark

Es ist immer Liebe auf den ersten Blick: Zunächst kamen Privatleute und Künstler auf der Suche nach Entspannung und verbrachten ihre Ferien im Sommerhaus am Meer. Später träumte jeder Däne von seinem Ferienhaus am Strand. Viele trauten sich und bauten ihr eigenes Haus. Sehr zur Freude der deutschen Besucher, die bald die Vorzüge eines dänischen Sommerhauses zu schätzen lernten. Und sie kommen immer noch, manche Familien schon in der dritten Generation.

Ferienhäuser in Dänemark: immer da, wo es am schönsten ist

Individualurlaub ist hier zu Hause

Kaum ein Land bietet so eine Vielfalt an privaten, individuell gestalteten Ferienhäusern wie das kleine Königreich Dänemark. Zum einen liegt es sicher an den fast 7.000 Kilometern Küste, die das Land zu bieten hat, zum anderen ist es aber auch die typische Art, wie man hier Urlaub macht. Wer ein Hotel mit Vollpension oder ein Zimmer mit Frühstück sucht, muss in die Städte ausweichen. In den Urlaubsgebieten wohnt man entweder auf einem der schönen Campingplätze direkt am Meer oder man mietet sich ein gemütliches Sommerhaus und kann seinen Urlaubstag frei von Kleiderordnung und Essenszeiten selbst gestalten.

Bei der überwältigenden Anzahl von Ferienhäusern, etwa 35.000 werden im Land angeboten, bietet das Internet die beste Möglichkeit, ein Traumhaus zu finden. Die großen Suchportale, wie ♥ fejo.dk zum Beispiel, bündeln fast alle Anbieter auf ihren Seiten und ermöglichen damit, dass man auch die kleinen Agenturen mit nur 30 oder 40 Häusern nicht übersieht. ♥ Kundenbewertungen helfen, die Versprechungen in der Hausbeschreibung besser zu beurteilen und sorgen dafür, dass sich Anbieter bei der Hauskontrolle mehr Mühe geben. Eine bessere Referenz als zufriedene Gäste gibt es nicht und dabei spielt es keine Rolle, ob ein Haus mit fünf Sternen für hohen Standard oder nur mit einem für eine sehr einfache Einrichtung angeboten wird. Einen tollen Urlaub kann man in einem einfachen Haus sehr wohl verleben, wenn es sauber und gemütlich ist, und ein Luxushaus mit kaputtem Interieur und Schimmel in den Fugen findet wohl niemand erstklassig.

Mein Tipp

Hyggelig wohnen in Dänemark

Wer sich Zeit für die Suche nimmt und etwas langfristiger planen kann, wird sein Herz bestimmt an Dänemark verlieren. Das besondere Gespür der Dänen für modernes Design, kombiniert mit dem Wunsch nach „hyggeliger" Atmosphäre bringt die schönsten Ferienhäuser hervor. Hygge steht für gemütlich, vertraut, malerisch ... Die Liste lässt sich endlos fortsetzen, denn kein deutsches Wort deckt alle Bedeutungen dieses dänischen Begriffs ab.

Die Ausstattung der meisten Häuser ist an die heutigen Bedürfnisse angepasst. Moderne Küchengeräte, Internet, deutsche TV-Programme und eine Sauna oder einen Whirlpool findet man fast überall, ebenso wie den gemütlichen Kaminofen und eine schöne Möblierung der Terrassen. Große Unterschiede gibt es in der Einrichtung. Das typische, moderne Ferienhaus mit schwarzen Ledersofas, Fliesen oder Laminatböden und den sogenannten Boxspringbetten ist pflegeleicht und bedient die

meisten Ansprüche. Der Mietpreis hängt dabei vor allem von der Lage und der Urlaubszeit ab. Wer mit großen Gruppen oder mehreren Familien reisen möchte, kann zwischen vielen ♥ Poolhäusern mit Aktivitätsraum wählen. Zu Ostern, in den Herbstferien oder zu Silvester sind diese Häuser aber schnell ausgebucht, eine langfristige Planung ist empfehlenswert.

Besonders beliebt bei Großfamilien

Die ♥ Hauptbuchungszeit für einen Urlaub im dänischen Ferienhaus beginnt inzwischen schon im Herbst des Vorjahres. Da die Ferienhäuser bereits im Frühsommer freigeschaltet werden, lohnt es sich, schon im Herbst über den nächsten Sommer und die beliebten Oster- und Herbstferien nachzudenken!

Rechtzeitig suchen lohnt sich

Ab und zu mal dänisch leben

Dänemark bietet auch richtige ♥ Schmuckstücke, aus denen man am liebsten nicht mehr abreisen möchte: Winzige Holzkaten am Meer mit skandinavischem Design, sogenannte Shabby Chic- oder Black-and-White-Häuser, die geradewegs aus einem Wohnmagazin entschlüpft sein könnten oder ungewöhnliche Bauten wie alte Windmühlen, Herrenhäuser oder ein Hausboot auf dem Ringkøbing Fjord. Man kann sich bei der Suche von freundlichen Kundenberatern unterstützen lassen oder selbst zum Beispiel nach Häusern mit älterem Baujahr (> 50 Jahre) suchen. Viele wurden liebevoll renoviert und hinter den Mauern verbirgt sich mehr, als das Alter vermuten lässt. Hat man sein Traumhaus gesucht und gebucht, beginnt die Vorfreude. Beim Kofferpacken nicht vergessen: Bettwäsche, Handtücher, Toilettenpapier und Küchenrolle gehören nicht zur Hausausstattung. Auch Kaminholz muss man selbst besorgen, allerdings gibt es das in Dänemark an jeder Ecke. Geschirr, Kopfkissen und Bettdecken gehören aber zur Einrichtung. Häufig stehen ein Babybett (Reisebett ohne Decke und Kissen) und ein Hochstuhl ebenfalls im Haus bereit. Ist dies nicht der Fall, kann man beides zumeist dazu bestellen, ebenso wie Wäschepakete mit Handtüchern und Bettbezügen.

Rat und Tat vor Ort: das Servicebüro

Servicebüros gibt es in jedem Urlaubsort

Das Servicebüro ist die erste ♥ Anlaufstelle im Urlaub. Hier bekommt man den Schlüssel, ein paar Informationen zur Region und einen Ablesezettel für die Nebenkosten, wobei die meisten Vermieter inzwischen eine digitale Übermittlung der Zählerstände per Handy anbieten. Strom,

*Haus in
Hvide Sande*

oft Wasser und ab und an die Heizkosten müssen zusätzlich zur Miete bezahlt werden. Der Vorteil ist, dass man nur den individuellen Verbrauch berechnet bekommt. Die Endreinigung ist üblicherweise Aufgabe des Mieters. Einige Anbieter sind aber schon dazu übergegangen, die Reinigung obligatorisch anzubieten, damit Reklamationen zur Sauberkeit bei der Anreise kein Thema mehr sind. Wer ohnehin nicht selbst putzen möchte, kann gezielt Häuser mit obligatorischer Reinigung buchen oder zumindest die Endreinigung gleich bei der Buchung oder später vor Ort im Servicebüro bestellen.

Die Servicebüros helfen nicht nur bei Problemen im Haus, sondern bieten allerlei zusätzlichen Service wie Geldwechsel oder den Verkauf von Eintrittskarten für Freizeitparks. Auch Informationen zu Ärzten, besonderen Einkaufsmöglichkeiten oder guten Restaurants bekommt man dort. Manche Büros verleihen Fahrräder sowie Bollerwagen für den Strandbesuch.

TIPPS ZUM FERIENHAUSURLAUB IN DÄNEMARK

1x1 für Ferienhausurlauber
Alle wichtigen Informationen zum Urlaub in einem dänischen Ferienhaus gibt es hier.

Ab und zu mal dänisch leben
Wie findet man ungewöhnliche oder besonders schöne Ferienhausangebote.

Familienurlaub – natürlich in Dänemark

von Katja Josteit

Das Meeresrauschen genießen, Softeis schlemmen, Surfen lernen oder bei der Seerobben-Fütterung dabei sein? Dänemark bietet für den Familienurlaub eine unglaubliche Vielzahl an Aktivitäten und Möglichkeiten: entspannte Tage an den weiten, oft menschenleeren Sandstränden und jede Menge Attraktionen und Ausflugsziele für die ganze Familie.

Ferienhausurlaub am Strand

Dänemark ist ein kleines Land, aber für einen Urlaub mit Kindern ist das Angebot riesengroß! Es ist für jeden etwas dabei: Großartige Natur, Leuchttürme zum Besteigen, Häfen zum Bummeln und Fischkutter zum Bestaunen, Aquarien, Zoos und Tierparks zu jeder Jahreszeit, Reitausflüge an den Strand, Veranstaltungen mit historischem Hintergrund, phantasievoll ausgestaltete, kindgerechte Freizeitparks, pittoreske Fischerorte und kleine Städte mit interessanten Shops sowie Kunst und Kultur an jeder Ecke!

Mehr auf
Seite 44
Wir machen als Familie gerne an der **Nordseeküste** von ❤ Westjütland Urlaub. Von Blåvand im Süden bis Vejlby Klit im Norden und auf den Inseln Rømø und Fanø erstrecken sich herrliche, **kilometerweite Sandstrände**.

Meist geht es flach ins Wasser und auch im Sommer ist viel Platz am Meer. Auf dem Strand können wir spielen, entspannen, picknicken, Muscheln und Bernstein sammeln, Drachen steigen lassen, Sandburgen bauen und Steine um die Wette ins Wasser werfen. Bei kühlerem Wetter unternehmen wir lange Spaziergänge, von denen wir wunderbar durchgepustet in unser **gemütliches Ferienhaus** zurückkehren, um die Sauna und den Kamin anzuheizen. Liegt es fußläufig und relativ nah am Strand hinter der letzten Dünenkette, können wir auch abends nochmal ans Meer gehen, dem Sonnenuntergang zusehen und dem Rauschen der Wellen lauschen.
Im Ferienhaus können wir die Tage ganz nach unserem Bedarf gestalten. Besonders mit kleinen Kindern ist es praktisch, wenn man essen, schlafen und

Sandskulpturen-
festival
Søndervig

spielen kann, wann immer man will! Viele Ferienhäuser sind mit Babybett und -stuhl, einem Sandkasten oder einer Schaukel und oft auch ein paar Spielsachen ausgestattet. Auf dem großen Naturgrundstück können unsere Kinder nach Herzenslust toben und Tannenzapfen sammeln, während wir in Ruhe unseren Kaffee trinken.

Jede Menge Ausflugsziele vor der Ferienhaustür

Wenn wir nicht an den Strand gehen, unternehmen wir spannende Ausflüge. In ♥ Hvide Sande gibt es den großen Fischereihafen an der Nordseeküste und einen etwas versteckt liegenden, malerischen Tyskerhavnen am Ringkøbing Fjord. **Fiskeriets Hus** ist ein Aquarium samt kleinem Fischereimuseum, in dem die Kids sogar auf einem richtigen Fischkutter herumlaufen können. Auf der Landzunge zwischen Nordsee und Ringkøbing Fjord, dem Holmsland Klit, steht der Leuchtturm **Lyngvig Fyr**, von dem man die gesamte Umgebung überblicken kann. Ein toller **Naturspielplatz** und ein süßer, kleiner Shop mit einer histori-schen Ausstellung liegen zu seinen Füßen. In ♥ Søndervig findet jedes Jahr das **Sandskulpturenfestival** statt mit phantastischen Figuren aus Sand. In der Region gibt es mehrere Schwimmbäder, in denen sich kleine und große Wasserfrösche bei schlechtem Wetter austoben können.

Wer Lust auf ein schönes Café mit Naturprodukten, selbstgemachtem Eis im Sommer und angeschlossenem Hofladen hat, wird bei ♥ Houvig, nördlich von

Mehr auf
Seite 74

Mehr auf
Seite 80

Bork Wikingerhafen

Søndervig, in **Vestkystens Gårdbutik** fündig. Dort kann man im Winter nach einem ausgiebigen Spaziergang durch die einmalige Dünenlandschaft leckeren, heißen Kakao trinken und Mitbringsel für die Daheimgebliebenen erstehen.

Mehr auf
Seite 64

In ❤ Bork Havn finden es die Kids spannend, im **Bork Wikingerhafen** auf den Spuren der nordischen Krieger zu wandeln und zu erleben, wie das Leben vor 1.000 Jahren in Dänemark aussah. Oder man fährt nach Varde ins Varde Miniby, einer Miniaturstadt, in der sich auch die Kleinsten plötzlich ganz groß fühlen, weil sie direkt in die Fenster der originalgetreu nachgebauten Gebäude hinein- schauen können. Für kleine Feuerwehrfans bietet das **Feuerwehrmuseum** in Oksbøl bei

Mehr auf
Seite 50

❤ Blåvand an Regentagen eine willkommene Ab- wechslung. Im **Fischerei- und Seefahrtsmuse- um** in ❤ Esbjerg kann man gut einen gan- zen Tag verbringen und natürlich auch bei der zweimal täglich stattfindenden Seerobben-Fütterung zuschauen.

Kinderfreundlich auch im Landesinneren

In Billund liegen nicht nur das allseits bekannte ♥ Legoland, sondern auch das neueröffnete **Lego House,** in dem mit über 25 Millionen Legosteinen ganz neue Formen des kreativen Spielens geschaffen wurden. Nordöstlich von Billund gibt es einen Safaripark, den **Givskud Zoo.** Hier können Familien gemeinsam auf Safari gehen und Giraffen, Bisons, Löwen & Co im eigenen Auto oder im Tourenbus ganz aus der Nähe kennenlernen.

Mehr auf Seite 200

Bei vielen Attraktionen in Dänemark ist der Eintritt für Kinder vergünstigt oder sogar kostenlos. In den meisten Orten gibt es zudem schön gestaltete Spielplätze oder die berühmten **Hüpfkissen** vor den Kaufmannsläden und Ferienhaus-vermietungen. Auf dem Rathausplatz von Ringkøbing und am Badevej in Søndervig stehen große Sandkisten für die Kids bereit. In der Vester Strandgade in ♥ Ringkøbing kann man in der **Red Barnet Genbrugsbutik** qualitativ hochwertige Second-Hand-Kinderkleidung erstehen. Wer die Augen aufhält, findet in der Region noch viele weitere Genbrugsbutikker (Second-Hand-Läden) und Flohmärkte.

Das Schönste jedoch ist: Dänemark ist total familienfreundlich! Das merkt man in jeder Bäckerei, in jedem Einkaufsladen und jedem Restaurant, vor allem jedoch an der herzlichen, gelassenen Einstellung der Dänen gegenüber Kindern: Sie werden als selbstverständlich angesehen und sind überall willkommen! Das macht das Urlaubsleben wunderbar leicht und schön und führt dazu, dass wir uns als Familie in Dänemark rundum wohl fühlen.

TIPPS FÜR DEN FAMILIENURLAUB

Den Artikel zum Urlaub mit der Familie mit weiterführenden Links und Buchvorschlägen speziell für Kinder online lesen.

Dänemark – das Urlaubsland für Hundebesitzer

Dänemark, das Land, in dem Individualurlaub im Ferienhaus zum Alltag gehört, bietet die besten Voraussetzungen für einen Urlaub mit Hunden. In den Ferienhäusern ist Platz für ein Hundekörbchen, auf Naturgrundstücken kann nicht viel kaputtgehen und einige Häuser haben sogar geschlossene Terrassen. Lange Strände und umzäunte Hundewälder laden zu ausgiebigen Spaziergängen ein.

Große Auswahl für Urlauber mit Haustieren

Die Dänen sind selbst ein sehr hundebegeistertes Volk und natürlich kommen die Hunde auch mit ins Sommerhaus. In rund ♥ 15.000 Ferienhäusern im ganzen Land sind Hunde erlaubt, in zwei Dritteln davon sogar mehrere Hunde. So können sich Familien ein großes Haus teilen und jeder darf seinen Hund mitbringen. Und für Paare mit zwei Hunden stellt sich nicht die Frage – deinen oder meinen? – denn auch kleine Strandhäuser und gemütliche Ferienwohnungen werden für zwei Haustiere angeboten. Die langen, breiten Nordseestrände begeistern lauffreudige Vierbeiner besonders. Hier können sie Treibholz jagen, Wellen beißen und Löcher buddeln, bis nur noch der Schwanz zu sehen ist. Ganz sicher kommt auch der Hund völlig entspannt aus dem Urlaub zurück!

Eine Katze ist übrigens auch im Ferienhaus willkommen, wenn Hunde erlaubt sind. Kleinere Haustiere, die im Käfig gehalten werden, dürfen ebenfalls immer mit in den Ferienhausurlaub. Um Hundefutter oder einen Tierarzt in der Nähe muss man sich nicht sorgen. Es gibt in vielen Orten Hundeboutiquen und auch ❤ Tierärzte.

Dyrlæge

Einreisebestimmungen und das dänische Hundegesetz

Der ❤ Europäische Heimtierausweis ist unbedingt erforderlich für die Einreise nach Dänemark, jeder Tierarzt kann ihn ausstellen. Die Bedingung dafür ist eine deutlich lesbare Tätowierung oder ein Mikrochip. Tiere, die nach dem 2. Juli 2011 zum ersten Mal gekennzeichnet werden, müssen einen Mikrochip haben. Außerdem ist eine gültige Tollwutimpfung vorgeschrieben, die erste Impfung muss mindestens 21 Tage vor der Einreise nach Dänemark erfolgt sein. Alle Angaben müssen im Europäischen Heimtierausweis eingetragen sein. Außerdem ist es vorgeschrieben, dass der Hund eine ❤ Marke mit Kontaktdaten des Halters trägt, falls er doch einmal stiften geht. So finden Hund und Besitzer schnell wieder zusammen.

Nicht vergessen

Mit Leine oder ohne Leine – in Dänemark ist alles möglich!

Warum ist Dänemark so ein beliebtes Land für einen Urlaub mit Hunden? Weil hier so viel Platz für alle ist! Allein an Jütlands Westküste gibt es etwa 400 Kilometer herrlichen Sandstrand, der hier etwas naturbelassener ist als in anderen Ländern. Es gibt weder Kurtaxe noch streng bewachte Strandkörbe. Gepflasterte Strandpromenaden mit geharkten Grünanlagen sucht man vergeblich.

Gut zu wissen

Laut dem dänischen Hundegesetz ist die Haltung, Zucht und Einfuhr von 13 Rassen und von Mischlingen, in die diese Rassen eingehen, verboten. Seit dem 1.7.2014 gilt in Dänemark ein neues Hundegesetz, in dem einige von Tierschützern stark kritisierte Passagen der früheren Version entschärft wurden.

Natürlich muss man an gut besuchten Badestränden im Sommer seine Hunde an der kurzen Leine halten. Aber selbst im Hochsommer findet man Strandabschnitte, die fast menschenleer sind und wo eine lange Schleppleine ausreicht – zum Beispiel den Strand von **Vester Husby**, **Slettestrand** im Süden von Nordjütland oder die riesigen Sandflächen auf der Insel **Rømø,** auf der es sogar drei verschiedene Hundewälder gibt.

In Ortschaften und im offenen Wald müssen Hunde grundsätzlich an der Leine geführt werden. Restaurants sind für Hunde oft tabu, aber auf der Terrasse dürfen sie unter dem Tisch Platz nehmen, falls die Wirte nichts dagegen haben. Eine generelle Leinenpflicht am Strand gilt aber nur

Leinenfrei am Strand

vom 1. April bis 30. September, im ♥ Winterhalbjahr dürfen wohlerzogene Hunde frei in den Wellen toben.

Hundewälder als Spielplatz für Vierbeiner

Ein Waldgebiet speziell für Hunde

Eine dänische Besonderheit sind die sogenannten ♥ Hundewälder – großflächige, manchmal umzäunte Wald- und Heideflächen. Hier ist die Leinenpflicht für Hunde ganzjährig aufgehoben. Etwa 250 dieser grünen Areale sind über ganz Dänemark verteilt. Manche sind so schön, dass das Wandern hier auch ohne tierische Begleitung Freude macht.

Die Hundewälder erkennt man an einem grünen Schild mit der Aufschrift „Uden snor – med ledsager" (Ohne Leine – mit Begleitung). Häufig steht schon vorher ein Hinweisschild an der Straße mit dem Aufdruck: "Hundeskov". Einzige Bedingung für die Freiheit: Die Hunde müssen auf Kommando gut gehorchen und sich mit Artgenossen verstehen.

Hundezäune und geschlossene Grundstücke

Die Naturgrundstücke um die Ferienhäuser sind normalerweise nicht umzäunt. Entlang der Nordseeküste findet man eher ein Ferienhaus mit einer geschlossenen Terrasse als mit umzäuntem Garten. Aber dafür nehmen es die naturbelassenen Flächen am Haus auch nicht krumm, wenn der Hund sich eine gemütliche Sitzmulde vor dem Haus buddelt und die Aussicht genießt.

Wer doch lieber einen Zaun am Haus vorfinden möchte, kann bei verschiedenen Anbietern an der Westküste einen ♥ mobilen Hundezaun bestellen, mit dem sich ein Teil des Grundstückes absperren lässt.

TIPPS FÜR DEN URLAUB MIT HUND

Ausführliche Informationen zum Urlaub mit Hund, Erfahrungsberichte anderer Gäste und Einreisebestimmungen für Haustiere nach Dänemark.

Wie ist das Wetter in Dänemark?

Das Wetter in Dänemark ist viel besser als sein Ruf – und vor allem nicht so kalt, wie oft behauptet wird. Wer gern einen warmen Sommer hat, aber nicht nur in der Sonne relaxen, sondern auch mit seiner Familie aktiv sein möchte, der ist in Dänemark genau richtig. Blauer Himmel, strahlender Sonnenschein – das gibt es wirklich oft.

Beeinflusst wird das Wetter stark durch den Golfstrom, er sorgt für ein mildes Klima. Der Wind kommt überwiegend aus westlichen Richtungen, was wechselhaftes Wetter verheißt. Bei östlichem Wind ist das Wetter oft stabiler. Der Sommer dauert von Juni bis August. Der Februar ist der kälteste Monat, Frühling und Herbst

Milderes Ostseeklima

sind mild. Am sonnigsten ist der Mai. Die ♥ Ostsee ist mild und freundlich, das Meer wärmer und ruhiger als die raue Nordsee, wo

Nordseewetter

es nicht nur viel windiger ist, sondern auch bis zu ♥ 40% mehr Regen gibt. Die sanfte Meeresbrise an der Ostsee ist gerade für Kinder mit Atembeschwerden sehr gut geeignet.

Monat für Monat

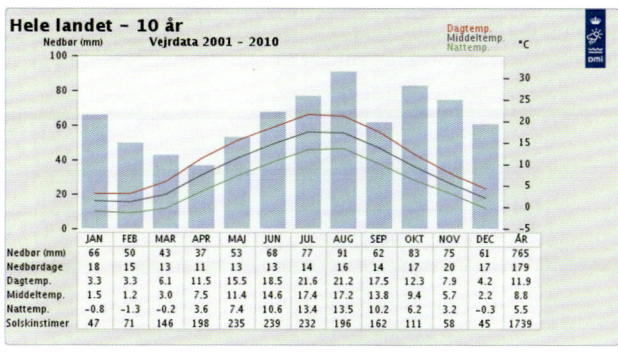

	JAN	FEB	MAR	APR	MAJ	JUN	JUL	AUG	SEP	OKT	NOV	DEC	ÅR
Nedbør (mm)	66	50	43	37	53	68	77	91	62	83	75	61	765
Nedbørdage	18	15	13	11	13	13	14	16	14	17	20	17	179
Dagtemp.	3.3	3.3	6.1	11.5	15.5	18.5	21.6	21.2	17.5	12.3	7.9	4.2	11.9
Middeltemp.	1.5	1.2	3.0	7.5	11.4	14.6	17.4	17.2	13.8	9.4	5.7	2.2	8.8
Nattemp.	-0.8	-1.3	-0.2	3.6	7.4	10.6	13.4	13.5	10.2	6.2	3.2	-0.3	5.5
Solskinstimer	47	71	146	198	235	239	232	196	162	111	58	45	1739

Wer erstmal davon ausgeht, dass das Wetter nicht so wird wie erwartet, ist bestens auf einen Urlaub in Dänemark vorbereitet. Betrachtet man das Wetter in Dänemark über viele Jahre, kann man aber schon einige Tendenzen für die jeweiligen Monate erkennen. Grundlegend gilt, dass es an der Nordsee windiger ist als an der Ostsee und dazu regnerischer, mit weniger Sonne. Als Ausnahme gilt Nordjütland. Die Grafik zeigt die Durchschnittswerte über 10 Jahre für ganz Dänemark.

Hvidbjerg Strand bei Windstärke 7

Meine ganz persönliche Prognose

von ❤ Henrik Ranch, langjähriger Bewohner und Wetterexperte der dänischen Südseeinsel Fejø.

Wetterprognosen vom Dänemark-profi

Mit der Statistik sowie eigenen Erfahrungen als Basis wage ich es die einzelnen Monate zu prophezeien – ohne Gewähr ;-)

Januar: Im Januar kann es richtig kalt werden, die Tage sind grau und dunkel, vor dem Kamin ist es am schönsten. Ab und zu kommt eine Woche mit Frost, Schnee und viel Sonne, aber da muss man schon Glück haben.

Februar: Im Februar ist es nicht viel anders, aber man merkt langsam, dass die Tage länger werden. Man soll sich aber nicht zu große Hoffnungen machen, denn der Winter ist noch nicht vorbei, das Wetter kann schnell auf Eis und Schnee wechseln.

März: Im März ist der Winter endlich vorbei, wobei es in den ersten paar Wochen nicht immer so aussieht. So viel Sonne wie in den drei Monaten davor ist üblich, die Tage werden spürbar heller und Regen gibt es nicht viel. Der Frühling fängt definitiv im März an!

Morgennebel
Stenbjerg
Dünen

April: Auch in Dänemark gilt „April, April – der macht, was er will". Sicher ist jedoch, dass der April ein richtiger Frühlingsmonat ist, die Knospen öffnen sich, die Lerche singt und mit etwas Glück erwischt man eine sonnige Woche. Gegen seinen Ruf hat der April am wenigsten Niederschlag und ist genauso sonnig wie der August, wobei die Temperaturen natürlich viel niedriger sind. Kommt der Wind aus Osten, ist es eisig kalt.

Mai: Der Mai ist nach Ansicht vieler Dänen der schönste Monat. Zwar ist meist noch kein Badewetter, aber die Natur ist wunderschön: Grün, Blüten und sehr viel Sonne. Es gibt im Mai immer eine und oft sogar zwei Wochen mit besserem Wetter als im Sommer. Die Frage ist nur, welche Wochen. Kälte und Regen wird es auch im Mai geben. Was Dänen und Urlauber besonders freut: Das nordische Phänomen, die hellen Nächte, fangen am 5. Mai an und die Nachtigall verzaubert sie mit ihrem reichen, komplexen und wohltönenden Gesang.

Juni: Bis zu den dänischen Schulferien, die Ende Juni anfangen, herrscht schönes Wetter und dann kommt Regen. So erinnere ich es aus meiner Kindheit. Im Juni ist das Meer noch für Warmduscher zu kalt, aber die Temperaturen werden langsam sommerlich. Eine Woche mit 25 Grad wird es mit Sicherheit geben, aber auch mehr Regentage als im Frühjahr. Die Tage sind lang und hell, denn die Sonne geht erst um 22 Uhr unter und so richtig dunkel wird es nicht.

Juli: Im Juli ist Hochsommer, die Tagestemperaturen sind im Schnitt über 20 Grad und auch das Meer hat meist eine, für Dänen, angenehme Temperatur, insbesondere in der Ostsee. Es gibt aber auch mehr Regen, wobei Dauerregen selten vorkommt. Wolken, Schauer und Sonne wechseln sich ab und eine Woche mit Hitzewelle, was für Dänen knapp 30 Grad heißt, wird es auch geben.

August: Die hellen Nächte sowie die dänischen Schulferien sind schon Anfang August vorbei und die Erntemaschinen laufen auf Hochtouren, manchmal die ganze Nacht. Es ist weiterhin meist warm und sonnig, aber Regenschauer und Gewitter gehören zur Tagesordnung, kein Monat bietet so viel Regen wie der August. Ende August merkt man dann, dass der Sommer vorbei ist. Das Licht und die Farben ändern sich, der Herbst ist da.

September: Der September ist nicht ohne Grund ein sehr beliebter Monat unter Urlaubern, denn ein „Indian Summer" gibt es nicht selten: der September ist meist trocken, sonnig und warm. Die Tage sind deutlich kürzer und die gemütlichen Abende vor dem Kamin warten.

Oktober: Auch der Oktober hat immer eine oder gar zwei Wochen mit sonnigem Herbstwetter, aber sehr kühle Nächte, mehr Regen und weniger Sonne als der September. Dazu kann es richtig stürmisch werden, hoffentlich erst nach der Obsternte.

November: Im November ist noch nicht richtig Winter, aber oft fällt hier der erste Schnee und immer zur Überraschung der Dänen. Kalt und windig ist es und die Sonne lässt sich selten blicken.

Dezember: Grüner Winter passt auf den Dezember, denn so richtig viel Schnee kommt selten und das, was kommt, ist schnell weg, weil der Boden nicht gefroren ist. Die Chancen für ein „hvid Jul" (weiße Weihnachten) liegen bei 10%.

TIPPS ZUM WETTER IN DÄNEMARK 🌧 ☀

Aktuelle Wetterdaten mit Satellitenbildern, regionale Vorhersagen und die Wassertemperaturen für Nord- und Ostsee online abrufen.

Dänischer Supermarkt

⚑

Essen und Einkaufen in Dänemark

Was Lebensmittelpreise betrifft, ist Dänemark tatsächlich das teuerste EU-Land. Wer aber ein bisschen vergleicht, der kann auch in Dänemark einkaufen gehen, ohne wesentlich mehr zu bezahlen als daheim.

Teure Lebensmittel in Dänemark

Durchschnittlich höhere Preise

Dass deutsche Urlauber in Dänemark mit höheren Preisen für Lebensmittel rechnen müssen, ist bekannt. Laut Eurostat – das ist das Statistische Amt der Europäischen Union – waren die Preise für Nahrungsmittel und alkoholfreie Getränke 2018 in Dänemark rund 30% höher als in Deutschland. Am teuersten sind laut Statistik Fleisch, Eier und Süßwaren. Dabei ist Dänemark bei Weitem nicht das teuerste Land Europas: In Norwegen und in der Schweiz waren die Lebensmittelpreise zum Beispiel um 63% bzw. 60% höher als in Deutschland.

Die gute Nachricht ist, dass es in Dänemark Discounter wie Lidl, REMA oder Netto, den gelben mit dem schwarzen Hund, gibt. Aldi hat sich aus Dänemark verabschiedet, doch selbst in den kleinen, lokalen Lebensmittelmärkten bekommt man Sonderangebote, die auch für deutsche Verhältnisse günstig sind.

Wer sich schon vorab über die aktuellen **Angebote** der dänischen Supermärkte informieren möchte, kann online auf ♥ Tilbudsugen die aktuellen Prospekte aller dänischen Supermärkte aufrufen. Weitere Prospekte, auch von Baumärkten, Spielwarenläden usw. gibt es auf der Seite ♥ minetilbud.

⬈ tilbudsugen.dk

⬈ minetilbud.dk

Dänische Spezialitäten schmecken im Urlaub am besten

Wie in jedem Land bekommt man auch in Dänemark ♥ lokale Köstlichkeiten, die nur im Urlaub so richtig gut schmecken. Geräucherter Fisch, dänischer Käse frisch vom Laib oder die knusprigen Rundstykke (Brötchen) vom Bäcker lassen sich frisch am besten genießen. Dafür sollte man einfach ein paar Euro mehr in der Urlaubskasse einplanen. Auch das zart schmelzende Softeis mit Streuseln und die große Auswahl an Lakritz und Schokolade gehören für Schleckermäulchen einfach dazu. Wer nicht so viel Geld ausgeben will, sollte sich in einer Bageri (Bäckerei), Røgeri (Räucherei) oder der Feinkostabteilung eines Supermarktes kleine Portionen gönnen, um den typischen Geschmack des Landes kennenzulernen.

So schmeckt Dänemark

In allen Freizeitparks und Museen gibt es ♥ Picknickplätze, auf denen man seine mitgebrachten Speisen verzehren darf, auch Grillplätze und Feuerholz werden oft kostenlos zur Verfügung gestellt. Das Leitungswasser hat beste Trinkwasserqualität und man bekommt es manchmal auch in Restaurants umsonst.

Mitgebrachte Speisen sind immer erwünscht

Traditionell verbringt man seinen Dänemarkurlaub im Ferienhaus, wo eine gut ausgestattete Küche mit allen Gerätschaften zum Standard gehört. Dort wird abends im Kreise der Lieben gekocht, zum Strand nimmt man ein Lunchpaket oder belegte Brote mit. Fertig belegte Brote, die sogenannten ♥ Smørrebrød, bekommt man in hübschen Schachteln verpackt an jedem Fleischertresen oder in speziellen Smørrebrød-Geschäften. Sie sind viel leckerer und auch gesünder als ein Hamburger. Die Auswahl reicht von Fisch über Käse bis hin zu rein vegetarischen Kartoffelschnittchen, alle morgens frisch im Geschäft belegt.

Mehr als ein belegtes Butterbrot!

Die Auswahl an Restaurants ist in den Urlaubsgebieten nicht so groß, wie man es von der deutschen Küste kennt. Es gibt im Wesentlichen zwei Arten von Lokalen: ♥ Familienrestaurants, die Buffets zum Festpreis oder auch Pizza und Pasta anbieten und Abendrestaurants, die verschiedene, meist etwas teurere Menüs servieren. Internationale Küche mit einer mehrseitigen Speisekarte, wie man sie aus Deutschland kennt, gibt es aber fast nie. Auch kleine Bistros mit einer Mittagskarte oder einer Salatauswahl findet man eher in den Städten oder in großen Urlaubszentren wie Blåvand.

Große Auswahl zum Festpreis

Wie heißt das bloß auf Dänisch?

Wie Hot Dog oder Pizza auf Dänisch heißt, hat man ja schnell herausgefunden – manche Bezeichnungen sind international. Wer aber im Supermarkt nach Vollmilch, Quark oder einer Erdbeermarmelade sucht, stößt schnell an seine Grenzen. Damit der Einkauf nicht zum Ratespiel gerät, gibt es ein kleines ♥ Dänischlexikon zum Ausdrucken, in dem die geläufigsten Vokabeln für den täglichen Bedarf übersetzt sind. Einfach den **QR-Code** scannen und das Lexikon ausdrucken! Auch ohne das Lexikon ist man nicht verloren – die meisten Dänen sprechen Deutsch und helfen gern mit einer kleinen Produktberatung am Kühlregal.

Mehr auf Seite 205

TIPPS ZUM ESSEN UND EINKAUFEN IN DÄNEMARK

Wie schmeckt ein Dänemarkurlaub?
Typische Lebensmittel, ein Dänischlexikon für den Einkauf und einen Erfahrungsbericht vom ersten Dänemarkurlaub gibt es hier.

Wo gibt es was: Supermärkte und Discounter in Dänemark
Eine Übersicht über die bekanntesten Lebensmittelmärkte in Dänemark sowie Drogeriemärkte, Baumärkte oder Haushaltswarengeschäfte mit Tipps zum Sortiment gibt es hier.

Geldwechseln und Parken – gut zu wissen

Dänen zahlen fast nur mit Karte oder Handy, sogar kleine Beträge. Auch als Urlauber braucht man kein Bargeld. Wer aber meint, das Urlaubsfeeling kommt erst richtig mit Dänischen Kronen in der Hand, sollte zum Geldautomaten gehen und dabei unsere Hinweise beachten. Auch beim Parken ist Vorsicht geboten.

Gerade Dänemarkneulinge fragen sich oft, wie sie an **Dänische Kronen** (DKK) kommen und übersehen dabei, dass in Dänemark fast bargeldlos gelebt wird. Mit der EC-Karte kann man auch beim Bäcker Brötchen kaufen. Je nach den Gebühren der Hausbank ist Kartenzahlung die günstigste Variante.

In touristischen Orten kann man mit Euro zahlen und bekommt das Wechselgeld in Kronen zurück. Einige Ferienhausanbieter wechseln Euros zu einem nicht besonders guten Kurs, jedoch ohne Gebühren. Bei Kleinbeträgen eine gute Lösung. Den besten Kurs bekommt man am Geldautomaten. Gehört der Automat einer Bank, kann man bedenkenlos abheben. Bei den gelb-blauen Automaten von **Euronet** ist Vorsicht geboten. Um hier nicht abgezockt zu werden, muss man sich zweimal **gegen eine Umrechnung** nach deren (grottig schlechten) Kurs entscheiden. Dann bekommt man den normalen Tageskurs, wie bei Bankautomaten.

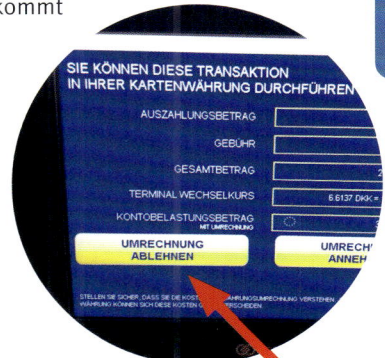

Umrechnung ablehnen

Parken in Dänemark

Auf öffentlichen Parkplätzen in den Städten ist das Parken meist zeitlich beschränkt. Man muss eine Parkscheibe auslegen oder eine Gebühr entrichten. Als Zahlungsmittel kommt in Dänemark nur Karte oder App in Frage, z.B. die von **Easypark** oder **ParkMan**. Am besten vor dem Urlaub auf dem Handy installieren.

Auf öffentlichen Parkplätzen werden auch deutsche Parkscheiben akzeptiert

Private Parkplätze sind durch ein weißes P auf schwarzem Hintergrund gekennzeichnet. Gerade an Supermärkten werden die Parkflächen von den Betreibern überraschend oft kontrolliert und die Gebühren bei Nichtbeachten sind empfindlich hoch, über 100 Euro. Wir empfehlen eine **elektronische Parkscheibe**, die sowohl in Dänemark, als auch in Deutschland zugelassen ist. Sie kostet weniger als ein Drittel von einem Knöllchen und es ist wirklich eine Erleichterung nicht mehr daran denken zu müssen, die Parkscheibe gestellt zu haben.

Badeunfälle in Dänemark – Vorsicht ist geboten!

Die Nordsee und auch die nördliche Ostsee, das Kattegat, sind keine ganz unge-
fährlichen Badegewässer. Die Küsten werden in der Regel nicht bewacht, so dass
der Badegast das Risiko selbst einschätzen muss. Wer die Fakten kennt und einige
Regeln beachtet, kann aber entspannt in der frischen Brandung baden.

Dänemark hat einen Rat für Badesicherheit

An der dänischen Nordseeküste gibt es nur wenige
Strandabschnitte, die, zumindest in den dänischen Sommerferien, von einer Badeaufsicht
bewacht werden. Die gelb-roten Rettungstürme
und zwei Rettungsschwimmer mit einem roten
Surfbrett sieht man schon von Weitem. Aber nur
je vier Strände in West- und Nordjütland und die
Strände auf den Inseln Fanø und Rømø werden
tagsüber im Juli bewacht. Die übrigen der etwa
1.300 registrierten Strände sind zwar für Notrufe an
den Zugängen nummeriert, aber mehr als einen Ret-
tungsring mit langer Leine gibt es nicht.

Im Frühjahr 1983 wurde in Dänemark der „Rådet for Større Badesikkerhed" – der
Rat für Badesicherheit gegründet. Nachdem in 1982 insgesamt 77 Menschen
an dänischen Küsten gestorben waren, wollte man etwas tun, um die Zahl der
Unfälle zu senken. „Rådet for Større Badesikkerhed" hat ein landesweites Mel-
desystem geschaffen, um alles über die Badeunfälle zu erfahren. Seit 2001 wird
unter der Mitarbeit aller dänischen Polizeistationen jeder ♥ Badeunfall an einer
zentralen Stelle erfasst. Im Jahr 2015 ertranken an den dänischen Küsten nur
noch 7 Menschen.

⚐ badesikker-
hed.dk

Die größte Gefahr: Brandungsrückströmungen oder Riptides

Für Dänemark bleibt das Meer der hauptsächliche Unfallort. Für alle, die hier
schwimmen möchten, hat der Rat für Badesicherheit ein paar einfache Regeln
zusammengestellt. „Schwimmen Sie nicht in Häfen, in der Nähe von Jachten,
Molen und Fischgebieten" – klingt selbstverständlich, aber nicht jeder Schwim-

Rettungs-
schwimmer in
Søndervig

mer hat sich in der Vergangenheit daran gehalten. Auch dort, wo Schwimmen
von vornherein verboten ist, sollte man den Hinweis ernst nehmen.

Die besondere Aufmerksamkeit der dänischen Badeaufsicht gilt allerdings dem
Phänomen des 💙 Brandungsrückstroms, auch **Riptides** genannt. Es sind starke
und schnelle Wasserbewegungen, die vom Strand in Richtung offenes Meer
fließen. Und das geht ganz schnell: Vor Sandstränden bilden sich häufig Sandbänke. Nun wird – vor allem bei stark auflandigem Wind – das Meer in Richtung
Küste getrieben. Durch die Sandbänke kann das Wasser der Brandungswellen
dann aber nicht ungehindert wieder in Richtung See strömen. Es sucht sich also
einen Weg zurück und drückt an einer Stelle eine Lücke in die Sandbank.

An diesen Lücken kommt es dann zu einer gebündelten Rückströmung des Was-
sers, das bedeutet, sehr viel Wasser fließt durch diese Öffnung in Richtung Meer.
Gelangt nun ein Badender in eine solche Riptide, kann er mit der Strömung auf
das Meer hinausgetrieben werden. Die meisten Schwimmer versuchen gegen
die Strömung anzuschwimmen, sie wissen ja nicht, dass sie sich in einer Riptide
befinden und wollen nur wieder zurück an den Strand gelangen. Entkräftet, wie
man dadurch nach einiger Zeit ist, könnte man ertrinken. Selbst ein trainierter
Wassersportler würde in dieser Situation ermüden.

Größte Gefahr
beim Baden im
Meer

Was ist zu beachten?

Riptide ist kein Sog, also keine unter der Meeresoberfläche verlaufende Strömung, die einen Menschen in die Tiefe zieht. Eine Riptide ist eine Strömung, die
wie ein Fluss im Meer verläuft und einen Schwimmenden direkt in die weite See
hinaustreiben kann. Gerät man also in eine Rückströmung, muss man immer
versuchen, seitwärts aus dem Strömungsbereich herauszuschwimmen. Die
Riptide ist oft nur wenige Meter breit, kann dafür aber einige hundert Meter lang
werden. Eine andere Möglichkeit ist es, sich zunächst auf das Meer treiben zu
lassen, um dann etwas seitlich versetzt zurück zum Strand zu schwimmen.

Gut zu wissen

Riptides sind die häufigste Ursache für tödliche Badeunfälle im
Meer. Besonders Kinder und nicht so kräftige Schwimmer sollten
bei Wellengang nur bis zu den Oberschenkeln ins Wasser gehen.
Man sollte immer eine Begleitung am Ufer wissen und nur bei sehr
ruhiger See schwimmen. Um bei einem **Notfall** schnell Hilfe zu bekommen, muss man die **Nummer des Strandzuganges** wissen. Sie
steht auf einem grünen Schild an jedem offiziellen Strandzugang,
auch in den Dünen. In den Touristeninformationen liegen Faltblät-
ter zur Badesicherheit und zur Strandnummerierung aus.

Risiko nicht nur bei auflandigem Wind

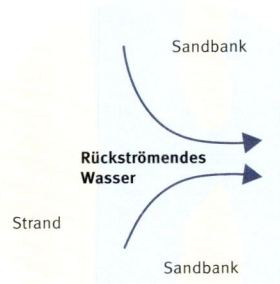

Wer in der Nordsee baden geht, sollte das Riptides-Risiko und die Wetterbedingungen bedenken, denn beides gehört untrennbar zusammen. Wenn das Wasser ruhig ist, kann keine Brandungsrückströmung entstehen – das Risiko ist also gering. Wenn aber ein ♥ auflandiger Wind herrscht – und die Wellen gar Schaumkronen haben – ist das Risiko, in eine Riptide zu geraten, hoch. Martin Janssen von der Deutschen Lebensrettungsgesellschaft (DLRG): „In diesen Fällen sollte man besser nicht ins Wasser gehen, auf jeden Fall aber nicht allzu weit hinausschwimmen – und sich immer parallel zum Strand bewegen."

Höheres Risiko bei auflandi-gem Wind

Das ist sowieso ein guter Hinweis, denn selbst bei schwachem Wind und fast glatter See können gefährliche Strömungen entstehen, die unter anderem durch die Gezeiten und unterschiedliche Wasserdichten, bedingt durch Temperaturun-terschiede, erzeugt werden.

Bei ablandigem Wind herrscht vor allem die Gefahr, im ♥ Schlauchboot oder auf der ♥ Luftmatratze auf das Meer getrieben zu werden. Das hat schon manch eine Hubschrauberaktion veranlasst, die mit hohen Kosten für den Urlauber verbun-den war, da solche Risiken als bekannt vorausgesetzt werden.

Sandbank

Rückströmendes Wasser

Strand

Sandbank

Schlauchboote nur in Ufernähe nutzen!

Riptides beachten!

TIPPS ZUR BADESICHERHEIT

Prospekte zur Badesicherheit, zum Phänomen Riptide und zu den Strandnummern gibt es hier zum Download und vor Ort in jeder Touristeninformation.

🇩🇰 URLAUBSREGIONEN

Nordsee

Gerade Dänemarkneulinge finden hier bestimmt den richtigen Ort für das „erste Mal": Die **bekanntesten Urlaubsorte** und die meisten Ferienhäuser bietet die dänische **Nordseeküste**.

Südjütland West – zwischen Watt und Wikingern

Südjütland West gleich hinter der deutsch-dänischen Grenze bietet eine Fülle an spannenden Ausflugszielen! Die wunderschöne Altstadt von Ribe, der Nationalpark Wattenmeer oder die Angelgewässer im Land machen den Urlaub zum Erlebnis – und Ferienhäuser gibt es reichlich, nicht nur auf der Insel Rømø.

Ferienhäuser für Angler und Wattwanderer

Mehr auf Seite 138

Obwohl der Westen von Südjütland keine tollen Strände zu bieten hat und gerade von deutschen Dänemarkurlaubern oft nur als Transitstrecke genutzt wird, gibt es hier gemütliche Ferienhäuser, die etwas mehr Aufmerksamkeit verdienen! Angeln, radfahren, wandern und in den idyllischen Städten bummeln ist das ganze Jahr über schön, auch außerhalb der Badesaison. Wer Wattenmeer und Strand sucht, sollte sich auf der Insel ♥ Rømø umschauen. Die Straße führt über einen Damm von Südjütland nach Rømø, dadurch kann man für Ausflüge jederzeit aufs Festland fahren.

Urlaub für Angler

Mehr auf Seite 128

Familienurlaub

Angeln

Die größte Ferienhaussiedlung im Land ist das ♥ Arrild Ferieby zwischen Skærbæk und Toftlund, etwa auf Höhe von Rømø. Zum Strand von Lakolk (Rømø) sind es knapp 30 Kilometer, nach ♥ Kelstrup Strand an der Ostsee etwa 45 Kilometer. Ein Ferienhaus in Arrild ist also der ideale Ausgangspunkt für einen Urlaub zwischen den Meeren, um die Besonderheiten der beiden Küsten von Nord- und Ostsee kennenzulernen. Für Badespaß sorgt die Arrild ♥ Schwimmhalle mit Riesenrutsche, Kinderbecken und Wellnessabteilung. Außerdem gibt es einen Golfplatz, eine Minigolfbahn, Tennisplätze und ein Restaurant. Ebenso wie der kleine ♥ Supermarkt haben alle Angebote in der Saison täglich geöffnet. Im Zentrum der Siedlung liegt der ♥ Fiskesø, ein beliebter Put-and-Take-See mit Forellen und Saiblingen. Ein natürliches Angelgewässer findet man bei **Jels**. Am Nedersø und dem benachbarten Midtsø ist man mit einer Fiskekort des lokalen ♥ Angelvereins herzlich willkommen.

✦ jels-fiskeriforening.dk

Naturerlebnisse

Näher an der Nordsee und dem dänischen Wattenmeer wohnt man in den alten Bauernhöfen in **Højer** und in **Ballum**. Sie wurden zu gemütlichen Ferienhäusern umgebaut. Die Wattenmeerküste eignet sich zwar nicht zum Baden, aber einen naturbelassenen, langen Sandstrand gibt es auch vor Ballum. Ganz abgeschieden und mitten im Meer wohnt man auf der kleinen ♥ Insel Mandø, die nur bei Ebbe erreichbar ist.

Historische Orte und gemütliche Hinterhöfe

Gleich hinter der deutschen Grenze, aber atmosphärisch mitten in Dänemark liegt die Stadt **Tønder**. Sie ist die älteste Handelsstadt Dänemarks und eine der wenigen, in der das ganze Jahr über Weihnachten ist! Im Keller der ♥ Alten Apotheke, einem Paradies nicht nur für Frauen mit einem Faible für Dekorationen jeglicher Art, gibt es eine permanente, riesengroße Abteilung mit Weihnachtsartikeln – da kann man schon zu Ostern die Adventskalender zusammenstellen! Auch Männer sind hier nicht ganz verloren – in der Abteilung für Modellautos, Emailleschilder und Barspiegel kann Mann sich sicher auch eine Weile die Zeit vertreiben. Gleich gegenüber im ältesten Haus von Tønder werden Kaffee und Kuchen im ♥ Klostercafeen serviert. Ab dem zweiten Novemberwochenende ist die Stadt fest in weihnachtlicher Hand. Der ♥ Weihnachtsmarkt im Zentrum dauert ganze sechs Wochen und die Geschäfte haben bis Heiligabend jeden Tag geöffnet. Ende August lädt die Stadt alljährlich zum großen♥ Jazzfest ein, das von vielen Aktivitäten und Konzerten auf den Einkaufsstraßen begleitet wird.

Kunstvolle Klöppelspitze wurde bis ins 19. Jahrhundert in Tønder gefertigt, in ♥ Drøhses Hus kann man die Kunst der Klöppelspitze bewundern und erlernen. Zum ♥ Kunstmuseum der Stadt gehört auch ein alter ♥ Wasserturm mit den legendären Stühlen des dänischen Möbeldesigners Hans Wegner. Da Tønder recht überschaubar ist, liegen alle Attraktionen nur wenige Minuten Fußweg auseinander.

Kunst und Handwerk

Kunst und Handwerk

SÜDJÜTLAND WEST

Familienurlaub

Unbedingt
besuchen!

Skærbæk ist ein kleiner Ort, in dem man alle Dinge für den täglichen Bedarf bekommt. Bei schlechtem Wetter ist das ♥ Schwimmbad eine gute Adresse. Wenn man auf Rømø wohnt, kann man Badespaß mit einem Großeinkauf in Skærbæk verbinden. Die schönste Aussicht über die weite, flache Landschaft bietet der ♥ Marks Tower in Hjemsted, westlich von Skærbæk. Der markante Aussichtsturm gehört zu einer Anlage mit Wohnmobilstellplätzen, einem Restaurant und einer Minigolfbahn.

Ein unvergleichlich schöner Fleck ist ♥ Dänemarks älteste Stadt Ribe. Ein Ausflug nach **Ribe** lohnt sich immer, selbst auf der Durchreise sollte man hier wenigstens eine Kaffeepause einlegen. Die **historische Altstadt** zwischen dem Dom und dem malerischen Flüss-chen Ribe Å ist geprägt von Cafés, Restaurants, Kunsthand-werk- und Design-Boutiquen und fotogenen Innenhöfen Auch der

Familienurlaub

Ausblick vom 52 Meter hohen Turm des Doms oder das ♥ Wikingermuseum sind beliebte Ziele. Das ♥ Kunstmuseum wurde bereits 1891 gegründet und zeigt in einer schmucken, alten Stadtvilla dänische Malerei vom 18. - 20. Jahrhundert. Nur für Erwachsene ist das ♥ Hexmuseum geeignet, es widmet sich dem Grauen der Hexenverfolgung in Dänemark, deren Zentrum Ribe war. Dass die Christi-

anisierung von Dänemark schon vor ♥ Harald Blauzahn begonnen hat, belegt
ein Gräberfeld am Dom, das hinter einer schützenden Glasfassade zu sehen ist.
Dem Missionar Ansgar, der 860 hier die erste christliche Kirche plante, ist ein
modernes Denkmal gewidmet.

Mehr in Band II

Nationalpark Dänisches Wattenmeer

Auch in Dänemark ist das Wattenmeer zum ♥ Nationalpark
Vadehavet erklärt worden. Das geschützte Gebiet reicht
von der deutsch-dänischen Grenze bis zur Ho-Bucht und
dem Flusstal der Varde Å bei Blåvand. Das Gebiet ist
überall frei zugänglich und bietet viele Gelegenheiten,
das spannende Naturereignis von Ebbe und Flut hautnah zu erleben. Informationen und Faltkarten bekommt
man im ♥ Vadehavscentret in **Vester Vedsted**, das
auch geführte Wanderungen ins Watt organisiert. Der
♥ Mandø-Bus, ein lustiger Trecker-Doppeldecker, startet
von dort über das Watt zur Insel.

In den Schilfwiesen westlich von Ribe treffen sich im Frühjahr und Herbst
riesige Zugvogelschwärme. Wenn die Vögel den Abendhimmel verdunkeln, spricht
man vom Phänomen der ♥ Sort Sol (Schwarze Sonne). Verschiedene Veranstalter
bieten Ausflüge zu diesem Naturerlebnis an.

Mein Tipp

Ein **Freiluftschauspiel für Wikingerfans** findet alljährlich in **Jels**
statt. Die Jels Wikingerspiele werden zwar auf Dänisch aufgeführt,
doch auch das tolle Festivalgelände am Ufer des Midtsøs und das
Rahmenprogramm lohnen den Besuch. Das schicke Jels Søbad, ein
öffentliches Schwimmbad mit Badesteg, Spielplatz und Aussichts-
terrasse, liegt gleich nebenan.

RIBE TIPPS

 Angeln

 Naturerlebnisse

Familienurlaub

 Kunst und Handwerk

QR-Code scannen und
weiterstöbern! Mehr
über die schönen
Städte Ribe, Tønder
und Møgeltønder mit vielen Fotos und
Tipps für den Besuch erfahren.

Lage

Esbjerg

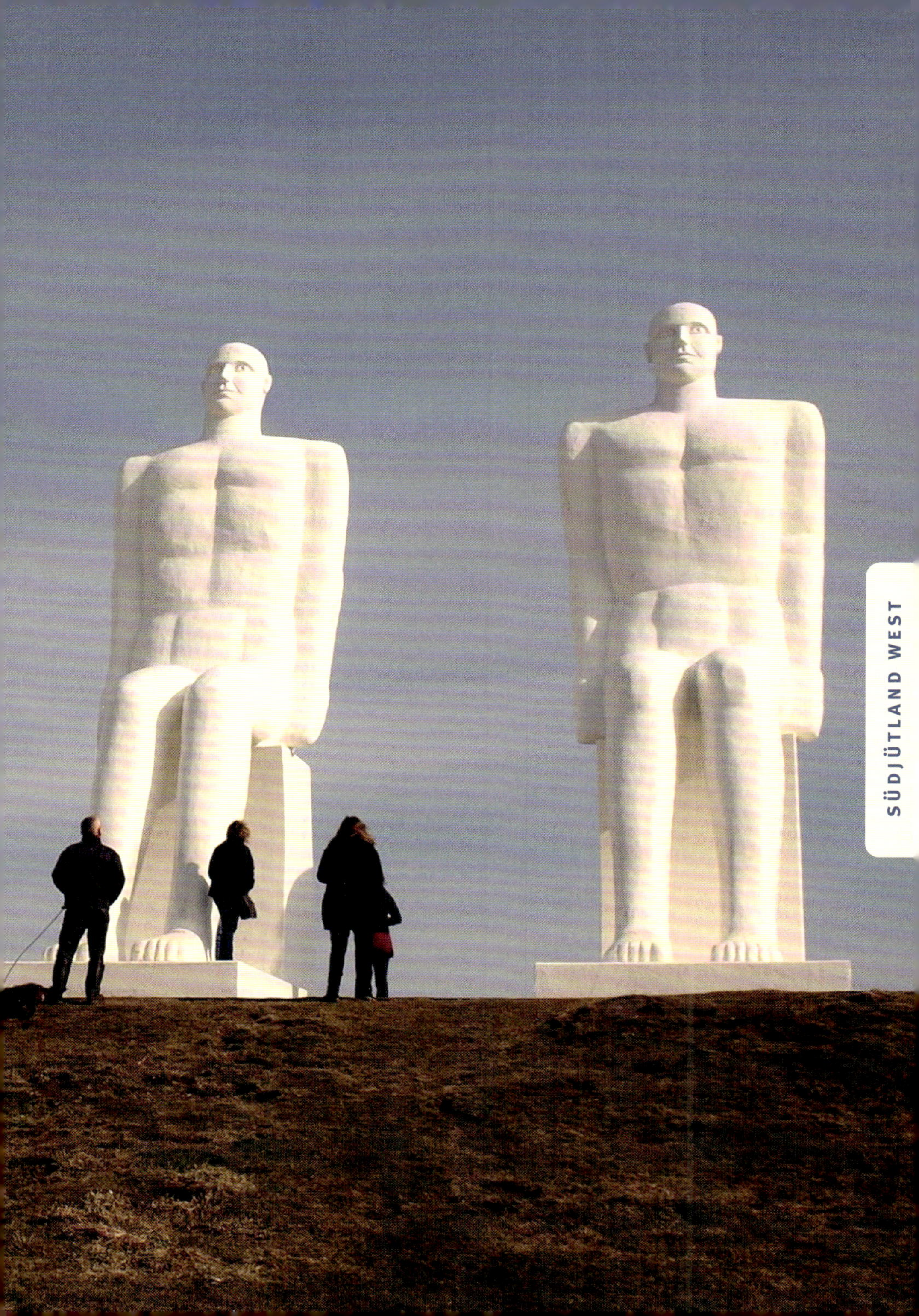

Houstrup

Westjütland – Dünen für alle

An der Nordseeküste von Westjütland werden die meisten Ferienhäuser angeboten, denn die Küste bietet genau das, was man von einem Dänemarkurlaub erwartet: hohe Dünen, eine frische Brise und das Rauschen des Meeres vor einem unendlichen Sandstrand.

Über 100 Kilometer Sandstrand und Nordseewellen

Wer noch nie in Dänemark war, sagt vielleicht: Nicht an die Nordsee, da ist das Wasser immer weg. Doch so ist es nicht in Dänemark!

Das dänische Wattenmeer endet vor Blåvand in der Ho-Bucht. Darüber beginnt ein breiter ♥ Sandstrand mit dem typischen Dünengürtel, der fast ununterbrochen über mehr als 100 Kilometer bis zur Hafenstadt Thyborøn reicht. Die Wellen sind ein Dauergast, manchmal laut und gewaltig, bei ablandigem Wind auch mal leise plätschernd. Die Wasserqualität ist so gut, dass über den meisten Abschnitten eine ♥ Flagge für gute Wasserqualität flattert. Ein Bad in den Nordseewellen ist etwas ganz Besonderes, man muss nur die Hinweise zur ♥ Badesicherheit beachten.

Mehr auf
Seite 32

Die Strände sind alle frei zugänglich. Kurtaxe wird in Dänemark nirgends erhoben und einen Strandkorb sucht der Gast vergeblich – Natur beherrscht die Szene. Auf dem Sandstrand liegen auch mal Steine und Muscheln oder Strandgut wie alte Seile, Planken oder Plastikdosen, je nachdem, was die Strömung so antreibt. Auf den herrlichen Dünen wiegt sich der Strandhafer im Wind, Möwen suchen nach Leckereien und die Luft riecht nach Freiheit und Entschleunigung. Jeder darf am Strand so viel Platz beanspruchen wie er braucht, zum Baden, Drachen steigen lassen oder Buddeln, was nur in den Dünen nicht erlaubt ist. ♥ Kite- und Windsurfer finden Surfspots für alle Schwierigkeitsgrade. Wer mit dem Strandbuggy fahren will, findet am südlichen Vejers Strand beste Bedingungen. Wer seinem ♥ Hund in Dänemark etwas Gutes tun möchte, reist am besten im Winterhalbjahr an. Von Oktober bis April sind nicht nur die vielen Ferienhäuser für Hundebesitzer besonders günstig, sondern Hunde dürfen in dieser Zeit an den meisten Stränden frei laufen. Für die übrige Zeit gibt es die schönen Hundewälder in den Klitplantagen – weitläufige, eingezäunte Areale zum leinenlosen Tollen.

Wassersport

Mehr ab
Seite 20

WESTJÜTLAND

Hinter den Dünen: Malerische Heideflächen und Ferienhäuser

Tolle Ferienhäuser gibt es in Westjütland fast so viele wie Sand am Meer, mit und ohne Haustierfreigabe. Die bekanntesten Siedlungen sind **Blåvand**, **Henne** und das Gebiet am Holmsland Klit von **Bjerregård** bis nach **Søndervig**. Die einzige Unterbrechung des Sandstrands bilden die Häfen von **Hvide Sande** und Thorsminde, wo Fjorde in die Nordsee münden. Die Dünen sind stellenweise mehr als 20 Meter hoch und nur mit Anstrengung zu überwinden, einige Urlaubsorte haben aber einen barrierefreien Weg zum Strand angelegt. Eine besondere Siedlung in den Dünen mit weitläufigen Grundstücken und schönen Reetdachhäusern bietet **Vester Husby**. Vor Bovbjerg bei **Vejlby Klit** erhebt sich das Ufer zu einer imposanten ♥ Steilküste mit einer wunderbaren Aussicht über das Meer und die angrenzende Landschaft.

Naturerlebnisse

Das Land zwischen Blåvand und dem Ringkøbing Fjord ist von Heideflächen und niedrigen, von Hand gepflanzten Plantagenwäldern überzogen. Oberhalb des Ringkøbing Fjords gibt es viele, vogelreiche Seen und Fjorde und um **Vejlby Klit** bestimmen Weiden die Landschaft. Das Land war zu karg, um große Städte anzulegen. Darum findet man entlang dieser Küste nur vereinzelt Dörfer und Höfe. Die größten Dünenhöfe dienen heute als Museum, als Ferienwohnungen oder als Bürogebäude. Die relativ unbebaute Landschaft und der tolle Strand versprechen das ganze Jahr über beste Erholung an frischer Luft, auch in der Hochsaison viel Ruhe und nachts einen berauschenden Sternenhimmel.

Gut zu wissen

Das **Legoland** in Billund liegt mitten in Westjütland. Wer mit Kindern reist, wird um einen Besuch in diesem einmaligen Freizeitpark wohl nicht herumkommen! Vergünstigte Eintrittskarten für Familien bekommt man bei einigen Anbietern in Verbindung mit einer Ferienhausbuchung. Der Park ist, mit einigen Ausnahmen in der Nebensaison, von Ostern bis November geöffnet. Das **Lego House**, ein Museum und Experimentarium aus Legosteinen, hat ganzjährig geöffnet.

Mehr ab Seite 200

Fisch und Meer: Städte in Westjütland

Mehr ab Seite 142

Die Grenze zum Wattenmeer bildet die Hafenstadt **Esbjerg**. Es ist der größte Nordseehafen Dänemarks und Ableger für die Fähre zur Insel ♥ Fanø, auf die sich auch ein Tagesausflug lohnt. Im weitläufigen Esbjerg Hafen kann man ab und an Bohrinseln bestaunen, die zur Reparatur in den Hafen gezogen werden. Die lange Fußgängerzone lädt zum Bummeln ein, ebenso wie das große Einkaufszentrum. Dazwischen reihen sich zahlreiche ♥ Restaurants und Cafés aneinander. Im Dezember verzaubert ein sehr stimmungsvoller Weihnachtsmarkt die Fußgängerzone. Kunst und Geschichte sind zu Füßen des alten Wasserturms versammelt. Das ♥ Esbjerg Kunstmuseum und die Konzerthalle stehen hier. Den Wasserturm darf man besteigen, er gehört zum ♥ Esbjerg Museum im Stadtzentrum.

Berühmt sind die vier weißen Statuen, die am Strand von Esbjerg übers Meer blicken. ♥ Mensch am Meer heißt die neun Meter hohe Skulptur des Künstlers Svend Wiig Hansen. Die Strandpromenade im Vorort **Hjerting** ist mit Hilfe eines Architekturwettbewerbs zu einem tollen Spiel- und Spazierpfad ausgebaut worden. Das kinderfreundliche ♥ Fischerei- und Seefahrtsmuseum Esbjerg ist ein spannendes Ausflugsziel für Familien.

Familienurlaub
↗ fimus.dk

Mehr dazu in Band II

Der Sandstrand von Westjütland endet in der Hafenstadt **Thyborøn**, denn hier hat die stürmische See im 19. Jahrhundert die Landzunge Harboøre Tange zum

Thyborøn Hafen

❤ Limfjord hin zerstört. Thyborøn ist eine kleine Stadt mit wenig Grün und ohne Dünen, aber einem langen Strand mitten in der einsamen Landschaft. Wenn man kein Ferienhaus direkt in Thyborøn bewohnt, kann man auch mit dem Auto oder dem Schienenbus von Vejlby Klit anreisen und hier einen ereignisreichen Tag verbringen. Thyborøn ist geprägt vom Fischerhafen. Setzt man mit der Fähre zum Naturreservat ❤ Agger Tange über, kann man mit einem Fernglas die Seehunde auf der Sandbank beobachten. Ein Museum zum Thema Meer und Seefahrt ist das ❤ Jyllands Akvariet, das benachbarte ❤ Sea War Museum erinnert an den Schrecken des Krieges auf und unter Wasser. Ein vielseitiger Veranstaltungskalender und eine Ausstellung mit Eisskulpturen runden das Angebot vor Ort ab. Die alten Bunker am Strand wurden zu stimmungsvollen Naturräumen umgestaltet, in denen man Wind, Wellen und die Vogelwelt hautnah erlebt.

↗ jyllandsakvariet.dk

WESTJÜTLAND

Ringkøbing am gleichnamigen Fjord und **Varde** in der Nähe von Blåvand und Vejers sind Kleinstädte, in denen man gut einen Tag verbummeln, Eis schlecken, Souvenirs kaufen oder auch einen Großeinkauf im Discounter erledigen kann.

WESTJÜTLAND **TIPPS**

 Wassersport

 Naturerlebnisse

 Familienurlaub

 Urlaub mit Hund

 QR-Code scannen und weiterstöbern! Den kompletten Artikel zum Ort mit Strandfotos, interessanten Ausflugszielen und vielen Ferienhäusern gibt es hier.

Lage

Houvig
Strand

Blåvand Fyr

Blåvand – Urlaubers Liebling

Schon der Name Blåvand, blaues Wasser, macht Lust auf Urlaub zwischen Sanddünen, Leuchtturm und blauem Meer. Wer einmal hier war, der will am liebsten
nicht mehr weg. Tausende begeisterter Urlauber haben dieses Fleckchen Dänemarks zum attraktiven Ferienzentrum mit allen erdenklichen Annehmlichkeiten
werden lassen.

Ferien am Blåvands Huk

Blåvands Huk heißt die Region um Blåvand, benannt nach der „Küstennase" am
Ende des Fyrvejs. Sie markiert den westlichsten Punkt von Jütland. Kein Ferienhausgebiet an Dänemarks Nordseeküste mit einem richtigen Ortskern ist so groß
und so beliebt bei deutschen Urlaubern! Auch die Nähe zur deutschen Grenze
lockt rund ums Jahr viele Gäste in die gut 1.800 Ferienhäuser von Blåvand. Auch
wer in der Nebensaison kommt, kann sich an den Einkaufsmöglichkeiten, dem
Leuchtturm und dem weiten Sandstrand erfreuen. Die Attraktionen am Ort sind
Familienurlaub   vor allem auf ♥ Familien mit Kindern ausgerichtet. Die Geschäfte an der Hauptstraße haben meist ganzjährig geöffnet. Auch sonntags ist hier immer etwas los.

Am Ende der langen Ortsdurchfahrt steht der 39 Meter hohe, viereckige Leuchtturm ♥ Blåvands Fyr. Der Ausblick von oben über die Landschaft und das Meer bis
hin zum großen Windpark am Horns Rev ist wunderschön. Der Leuchtturm steht
unter Denkmalschutz, ist aber nach wie vor im Einsatz. Bemerkenswert ist, dass
sich die von Süden kommenden Zugvögel am Blåvands Huk aufteilen in Richtung
Kanada oder Sibirien. Eine so markante Küstenlinie scheint selbst in der Vogelwelt
bekannt zu sein! Am Strand vor dem Blåvands Fyr kann man sich ebenfalls für eine
Richtung entscheiden: Nach Norden führt der naturbelassene Strand durch das
Manövergebiet in Richtung ♥ Vejers, nach Südosten hin beginnt der lange Badestrand, auf dem auch die berühmten ♥ Pferdebunker stehen.

Naturerlebnisse

Mehr ab
Seite 54

Kulinarisch wird man in Blåvand bestens versorgt. Das Angebot an Restaurants,
Feinkostgeschäften, Bars und Eisdielen kann sich mit einer mittleren Kleinstadt
problemlos messen. Frischen Fisch, erstklassige Fleischwaren und einen lokalen
Bäcker gibt es ebenfalls. Die Bonbonmanufaktur ♥ Blåvand Bolcher gehört zu
den ältesten und größten im Land. Kerzen kaufen und selber ziehen kann man
in der Kerzenmanufaktur ♥ Blåvand Lys. Handgemachte Seifen, isländische
Wollwaren und Feinkost gibt es in der ♥ SæbeRiget in Ho.

Familienurlaub

Die Halbinsel Skallingen und die Küste der Ho Bucht

Die ♥ Halbinsel Skallingen liegt südlich von Blåvand. Sie ist ein Eldorado für
Naturliebhaber. Der Weg führt vom Dörfchen ♥ Ho durch die Ho Klitplantage.
Hinter den letzten Bäumen beginnt eine schmale, einspurige Straße durch
Feuchtwiesen und Weiden, die am äußersten Parkplatz im Nordwesten endet.
Bei starkem Regen und im Winter kann die Straße überschwemmt sein, daher
ist Vorsicht geboten. Der Strand ist breit, sandig und hundefrei, Hunde sind auf
Skallingen nicht erlaubt. Im Osten liegt die Ho Bucht, der nördlichste Ausläufer
des ♥ Dänischen Nationalpark Wattenmeer. Die
Landzunge Skallingen entwickelte sich während der letzten 300 Jahre zur Halbinsel.
Der Fluss **Varde Å** wurde vom Meer
immer weiter ausgewaschen, bis die
einstige Flussmündung zur **Ho Bucht**
wurde und Skallingen zur Halbinsel
machte. Die Bucht ist so flach, dass
man bei Ebbe die kleine Insel **Langli**
zu Fuß erreicht. Die geschützte Insel
darf nur an wenigen Tagen im Jahr
betreten werden. Am besten schließt
man sich einer geführten Wanderung
an und lernt dabei einiges über die Geschichte der inzwischen unbewohnten Insel
und die Schönheit der Natur.

Naturer-
lebnisse

Auch in **Ho** stehen viele Ferienhäuser zur Vermietung. Golfer werden die Nähe zum ♥ Blåvandshuk Golfclub schätzen, Schwimmer treffen sich im ♥ Schwimmbad des Ho Feriecenter. Duftende, handgemachte Seifen, isländische Wollwaren und Feinkost gibt es in der ♥ SæbeRiget am Hovej. Zum Hvidbjerg Strand in Blåvand sind es drei bis vier Kilometer. Noch abgelegener stehen die Ferienhäuser von **Mosevrå** am Nordrand der Ho Bucht. Ein Wermutstropfen an dieser Lage ist das Manövergebiet. Es grenzt direkt an Mosevrå und kann in der Nebensaison für Ruhestörungen sorgen. Am Nordrand der Ho Bucht lädt der ♥ Broeng Fiskepark mit verschiedenen Teichen zum Angeln ein.

Wandern & Radfahren

Zwischen Ho, Mosevrå und Blåvand liegen die ♥ Klitplantagen Oksby und Bordrup mit Rad- und Wanderwegen, Heidewiesen, einem Waldspielplatz und einem Hundewald. Letztere erreicht man über die ausgeschilderte Zufahrt am Blåvandvej.

Ausflugsziele rund um Blåvands Huk

Geschichte

Die zahlreichen ♥ Bunker sind sicher kein Grund für einen Urlaub in Blåvand, aber vielleicht ein Anlass, sich etwas intensiver mit dem **Atlantikwall** und seinen Resten auseinanderzusetzen. Rund um Blåvand und Oksby scharten sich viele verschiedenartige Stützpunkte der Wehrmacht, aber auch Widerstandsnester. Durch seine geografische Lage – weit nach Westen hervorspringend und dem größten Nordseehafen Dänemarks (Esbjerg) vorgelagert – lag es geradezu auf der Hand, hier strategisch wichtige Stützpunkte anzulegen, um eine alliierte Landung nah der deutschen Küste zu verhindern. Die Bunkerruinen am Blåvand Strand wurden von dem britischen Künstler Bill Woodrow 1995 mit einem Eisenaufsatz zu Maultieren verwandelt. Die Skulptur heißt ♥ „Riding into the sea". Maultiere können sich nicht vermehren und stehen hier als Metapher für den Wunsch, dass keine Bunker mehr gebaut werden.

Geschichte

♪ vardemuseerne.dk

Das bekannteste Bunkerdenkmal ist die ♥ Tirpitz Stillinge, eine nie in Betrieb genommene Bunkeranlage am Tane Hedevej zwischen Blåvand und Ho. Der Architekt Bjarke Ingels wurde beauftragt, ein unterirdisches Museumsgebäude für diesen Ort zu entwerfen. Das neue ♥Tirpitz Museum eröffnete im Juli 2017 und entwickelte sich in kurzer Zeit zum überregionalen Publikumsmagneten. Die Dokumentation über die Besatzung während des Zweiten Weltkriegs wird anhand einer deutsch-dänischen Liebesgeschichte erzählt. Ein zweiter Bunker, Tirpitz II, ist über einen Pfad durch die Dünen zu erreichen.

Familienurlaub

Ganzjährig öffnet der ♥ Blåvand Zoo seine Pforten, ein kinderfreundlicher Tierpark mit allerlei Raubkatzen, exotischen Vögeln, mit Ponyreiten und Streichelwiese.

Tirpitz Museum

Am Hvidbjerg Strand Feriepark gibt es ein tropisches ♥ Badeland, ein ♥ Play-land und eine ♥ Bowlingbahn für alle Besucher. Bis November kann man auf dem ♥ Minigolfplatz am Ortseingang 18 verschiedene Bahnen bespielen. Im ♥ Høvlehuset am Gl. Mælkevej stellt ein privater Sammler alte Holzwerkzeuge aus. Feuerwehr- und Militärfahrzeuge zeigt das ♥ Panser- und Brandbilmuseum im nahen **Oksbøl**. Neu ist das Museum ♥ Flugt in Oksbøl. Flucht und Fremdsein fern der Heimat werden hier auch architektonisch sehenswert gewürdigt. Ein Fußballgolfplatz lädt im Sommer nach **Englykke** ein, gegenüber gibt es Käse in der ♥ Enghavegård Osteri. Das größte Fest findet Ende August in Ho statt: der ♥ Ho Fåremarked. Auf diesem riesigen Trödel- und Vergnügungsmarkt gibt es tatsächlich auch ein paar echte Schafe (får).

Nach einer stürmischen Nacht treffen sich Bernsteinsammler frühmorgens am Strand. Wer keine Adleraugen hat oder morgens lieber länger im warmen Bettchen liegt, bekommt bei ♥ Den lille Ravbutik am Blåvandvej Bernsteine in allen Formen und Farben. Den größten, privaten Bernsteinfund aus Blåvand kann man im Tirpitz Museum bewundern. Leider wurde ein Teil des Fundes vor einigen Jahren gestohlen, aber auch jetzt ist es noch eine unglaubliche Sammlung!

Bernstein-schmuck

BLÅVAND

BLÅVAND **TIPPS**

 Naturerlebnisse

 Familienurlaub

 Wandern & Radfahren

 Geschichte

 QR-Code scannen und weiterstöbern! Den kompletten Artikel zum Ort mit Strandfotos, interessanten Ausflugszielen und vielen Ferienhäusern gibt es hier.

Lage

Vejers Strand – mit dem Auto zum Wasser

Vejers setzt die Reihe der endlosen Sandstrände entlang der dänischen Nordseeküste fort. Der Strand ist in Richtung Süden für Autos und Strandbuggys freigegeben, nach Norden hin kann man stundenlang auf dem feinen Sand laufen.
Im Zentrum von Vejers gibt es alles, was ein schöner Urlaub braucht.

Vejers Strand – klein aber fein!

Vejers ist nicht so populär wie das benachbarte Blåvand, obwohl die Lage
zwischen Strand und Heideflächen ähnlich schön ist. Da man den breiten Strand
mit dem Auto befahren darf, treffen sich hier tagsüber Strandbesucher mit viel
Strandgepäck oder mit einem Wohnmobil. Die schönen Ferienhäuser, viele
aus Holz mit kuscheligem Reetdach, stehen windgeschützt in den Dünen, nie
weiter als einen Fuß- oder Radweg vom Meer entfernt. Am Ortseingang werden
Fahrräder für Groß und Klein vermietet. Die Hauptstraße endet auf dem Strand,
von dort ist der Sand einige Kilometer in Rich-
tung Süden befahrbar. Doch auch über
die Dünen gelangt man zum Strand.
❤ Vejers Sydstrand hat einen beschilderten Zugang am Campingplatz, dort öffnet im Sommer
auch ein Lebensmittelmarkt,
unten auf dem Strand steht
ein Toilettenwagen. Hinter
den Dünen verstecken sich
ein ❤ Waldspielplatz und ein
Tennisplatz im Grünen.

Die Hauptstraße ist gesäumt
von einigen Boutiquen, zwei kleinen Supermärkten, etwas Gastronomie und einer Galerie mit Malerei und
Skulpturen verschiedener Künstler. Der

Familienurlaub   große ❤ Spielplatz kurz vor der Strandzufahrt
ist ein Kletterplatz für Kinder jeden Alters.

VEJERS STRAND

Vejers
Ferienhaus

Grærup Dünen

Grærup und Børsmose Strand

Naturerlebnisse

Im Hinterland von Vejers erstreckt sich eine unbewohnte Landschaft, herrlich für Fahrradtouren, Spaziergänge und Ausritte. Die ❤ Kallesmærsk Hede liegt im Südosten und die ❤ Vejers Klitplantage im Nordosten, zur Heideblüte ist diese Landschaft ein Traum in violett!

Wem der Sinn nach völliger Ruhe steht, der sollte sich nördlich von Vejers umschauen. Die Dünen und der Strand in **Grærup** sind ein echter Geheimtipp für erholungssuchende Dänemarkurlauber. Der Strand ist autofrei und zum Shoppen gibt es hier rein gar nichts. Wer seine Angel mitbringt, kann sich in einem der fünf ❤ Angelseen in der Heide sein Abendbrot selber fangen. Noch weiter nördlich liegt der befahrbare **Børsmose Strand**. Drachenfreunde und ❤ Angler können hier ihr

Angeln

Zubehör bis zum Wasser fahren und haben meist viel Platz. Die Dünenlandschaft am Børsmose Strand ist unbebaut, es gibt nur einen Campingplatz mit einem Kiosk.

Süße Versuchungen gegen Langeweile

In der ♥ Dropskogeri im Zentrum von Vejers werden die leckersten Bonbons gekocht. Kleine Süßschnäbel dürfen den Bonbonkochern bei der Arbeit zuschauen oder sogar mithelfen. Im kleinen Café sitzt man sehr gemütlich, wenn draußen der Wind pfeift und das leckere Eis schmeckt nicht nur im Sommer.

Familienurlaub

Zum Bummeln und Shoppen lohnt sich ein Ausflug nach **Varde**, auch ein Sportzentrum mit ♥ Schwimmbad und Sauna warten hier. Im Zentrum neben der Kirche steht das ♥ Varde Museum mit den ungewöhnlichen Bildern des Malers Otto Frello, der unter anderem einen Comic zur Filmreihe „Die Olsen Bande" gestaltete. Ebenfalls zum Varde Museum gehören das ♥ Artilleriemuseum, das ♥ Museum Tirpitz in Blåvand und einige kleine Heimatmuseen in der Umgebung.

⚡ sportium.dk

VEJERS STRAND

Gut zu wissen

In der Kallesmærsk Hede liegt ein **Manövergelände**. Ausgenommen der Monate Juli und August wird regelmäßig mit Panzern, Artillerie und kleineren Waffen geschossen, was recht laut sein kann. Während der Übungen können einige Heidewege oder der südliche Strandabschnitt gesperrt sein.

VEJERS STRAND **TIPPS**

 Naturerlebnisse

 Familienurlaub

 Wandern & Radfahren

 Angeln

 QR-Code scannen und weiterstöbern! Den kompletten Artikel zum Ort mit Strandfotos, Manöverkalender, Ausflugszielen und vielen Ferienhäusern gibt es hier.

Lage

Henne Strand – unverbauter Meerblick im Zentrum

Einen so schönen Strand wie Henne haben nicht viele Feriengebiete an der Küste von Westjütland! Der traditionsreiche Urlaubsort begeistert Familien ebenso wie Hundebesitzer, Naturliebhaber, Golfer, Angler oder Feinschmecker. Für jeden gibt es hier ein passendes Angebot.

Weißer Sand am Café Stranden

Henne Strand gehört seit Jahren zu den beliebtesten Urlaubszielen an der dänischen Nordsee. Entlang der Hauptstraße, dem Strandvejen, reihen sich Restaurants, Boutiquen und Souvenirshops aneinander. Es gibt keine richtige Sehenswürdigkeit oder einen Ortskern, doch der Strand allein ist einen Besuch wert. Nach Henne Strand fährt man, um gemeinsame Zeit mit der Familie oder dem Urlaubspartner in einem Ferienhaus mit Kamin und Sauna zu verbringen oder um die schöne Natur zu erkunden. Anschließend kann man ein Eis im ♥ Ishuset schlecken oder dem ♥ Café Stranden mit unverbautem Meerblick einen Besuch abstatten.

Ein Restaurant direkt am Strand

Die üblichen Sport- und Modegeschäfte nehmen auf der Hauptstraße inzwischen recht viel Platz ein, aber die Ferienhäuser in dem dünenreichen Gebiet stehen ungestört und weit verteilt wie eh und je in der Landschaft. Wenn den lieben Kleinen doch mal langweilig wird, bieten sich eine Minigolfbahn oder ein Ausflug zum Reiterhof ♥ Stutteri Vestkysten in Henneby an. Große Golfer können im ♥ Henne Golfclub das Grün genießen und in ♥ Rav Mads' Hus bekommt man im Sommerhalbjahr Bernstein, Naturmode und Kosmetik.

Familienurlaub

Mein Tipp

Zwischen Henne Strand und der Blåbjerg Plantage liegt der Reiterhof **Stutteri Vestkysten**. Der Hof bietet verschiedene Wandertouren für alle Altersgruppen an. Ein Ritt im Sonnenuntergang am Strand ist sicher ein einmaliges Erlebnis! Für Anfänger bieten sich geführte Runden auf dem Reitplatz an.

Café Stranden

Ferienhäuser zwischen Nordsee und Heidelandschaft

Wer ein Ferienhaus in Henne sucht, hat die Wahl zwischen unterschiedlichen Lagen. Direkt in den Dünen wohnt man strandnah und mit dem ♥ richtigen Nordseegefühl – Meeresrauschen, Sand und Strandhafer inklusive. Viele Häuser stehen auf der Kuppe einer Düne mit einem atemberaubenden Blick über die Landschaft. Auch wenn der Wind manchmal ziemlich scharf ums Haus weht, erfüllt so ein Ferienhaus den Traum vom Urlaub am Meer. Wer ein flaches Grundstück sucht, auf dem die Kinder auch mal Fußball spielen können, sollte östlich vom Henneby Campingplatz nach einem Ferienhaus suchen. Direkt an der Hauptstraße im Zentrum werden schicke Ferienwohnungen angeboten, die die Nordseeluft mit der Nähe zu Gastronomie und Einkaufsmöglichkeiten verbinden.

Natur-erlebnisse

HENNE STRAND

Wellness in der Natur

In die einmalige Landschaft mit ihren hohen Dünen, der Heide und blühenden Heckenrosen, die jeden Lärm zu schlucken scheinen, verliebt man sich zu jeder Jahreszeit. Schon der Fußweg durch die Dünen zum Nordseestrand ist ein Genuss. Der Duft der Heidelandschaft und die frische Brise vom Meer wirken wie ein Wellnessprogramm. Für den Nachwuchs und das Strandgepäck kann man einen Bollerwagen ausleihen. Wer nicht so gut zu Fuß ist, fährt mit dem Auto den Strandvejen bis zum Ende, er endet direkt am Meer mit einem großen Parkplatz. Auch für Radfahrer gibt es hier reichlich Fahrradständer. Fahrräder verleihen einige Ferienhausvermieter oder der Campingplatz in Henneby. Nach Norden durch die Dünen ist es nicht weit zur ♥ Blåbjerg Klitplantage, einem bunten Laubwald mit vielen Rundwegen und einer beliebten ♥ Radstrecke für Mountainbiker.

Naturerlebnisse

Henne
Kirkeby Kro

Eine kulinarische Wohlfühlreise ist der Besuch des ❤ Henne Kirkeby Kro, einem Restaurant mit Sterneküche im Ortsteil Henne Kirkeby. Der Koch, der das Menü bestimmt, hat zuvor im Tivoli in Kopenhagen auf höchstem Niveau gekocht. Die Rohwaren der Speisen stammen natürlich aus der Region, Kräuter und Gemüse wachsen vor der Tür im hauseigenen Hofgarten und das Ambiente ist genau so, wie man es von einem dänischen Spitzenrestaurant erwartet: Geradlinig, sehr hell und mit bestem Baumaterial wurde aus einem alten Dorfgasthaus ein modernes Restaurant der Spitzenklasse. Tischreservierung ist empfohlen und ein prüfender Blick auf die Preise kann vor dem Besuch auch nicht schaden.

Wandern und Radfahren am Filsø

Zwischen Henne und Vejers erstreckt sich seit 2012 eine beeindruckende Wasserfläche in der flachen, grünen Landschaft: Der **Filsø** war einst ein riesiger See in der Heide, der nach und nach trockengelegt wurde, um neue Felder und Wiesen zu schaffen. Im Jahr 2011 kaufte eine Naturstiftung das Gebiet auf mit dem Ziel, die Landschaft zu renaturieren. Es dauerte zwei Jahre, bis der See seine heutige Größe erreichte. Ursprünglich war er sogar mit dem Langsø bei Vejers vereint, ganz so weit reicht das Wasser aber nicht wieder. Der See ist als ❤ Vogelschutzgebiet ausgewiesen und es gibt viele Möglichkeiten zum Wandern und Radfahren, einen barrierefreien Aussichtssteg und einem Damm, der mitten hindurchführt und die Wasserfläche hautnah erleben lässt.

Wandern &
Radfahren

Mehrere Aussichtspunkte mit Informationstafeln sind gut beschildert und leicht zu finden. Am Filsøgaard wurde ein ♥ Spielplatz angelegt und es gibt reichlich Sitzplätze für ein Picknick. Wassersport und Angeln sind im See übrigens nicht erlaubt.

Das Flüsschen **Henne Mølle Å** verbindet den Filsø mit der Nordsee. Angler können sich auf Hechte und Barsche freuen, denn in der Mølle Å darf man angeln. An der Mündung steht ein traditionsreiches ♥ Badehotel, dessen Restaurant gehobene Küche aus ökologischen Zutaten serviert. Es wurde in den 1930er Jahren von Poul Hennigsen entworfen, dessen blendfreie Pendelleuchten heute noch international bekannt sind.

Angeln

Südlich der Henne Mølle Å liegt die ♥ Kærgård Klitplantage. Die kleinen Eichen, die auf den Sandhügeln wachsen, waren einst stämmige Bäume. Sie sind bis zu 300 Jahre alt. Der stete Sandflug von der Küste hat den ursprünglichen Wald verschüttet, doch die Eichen haben es überlebt, auch wenn nur noch ihre Kronen aus dem Boden schauen. Die höchste Düne der Plantage ist mit 31 Metern der **Gråmule Bjerg**. Die Dänin Merete Vigen Hansen bietet ♥ geführte Wanderungen durch dieses und andere Naturgebiete rund um Henne Strand an. Der abgelegene ♥ Kærgård Strand vor der Plantage ist ein Geheimtipp für alle, die es einsam lieben.

↗ merete-
vigen.dk

Im nördlichen Bereich des Kærgård Strandes wurden in den 1950er Jahren große Mengen toxischer, pharmazeutischer Abfälle in den Dünen entsorgt. Das betroffene Gebiet wurde nur teilweise gereinigt, daher sollte man die ♥ Warnhinweise in den Dünen und am Strand unbedingt beachten und sich vom Strandzugang am Kærgårdvej eher nach Süden hin orientieren.

*Schilder
am Strand
beachten*

HENNE STRAND **TIPPS**

 Naturerlebnisse

 Familienurlaub

 Wandern & Radfahren

 Angeln

QR-Code scannen und weiterstöbern! Den kompletten Artikel zum Ort mit Strandfotos, interessanten Ausflugszielen und vielen Ferienhäusern gibt es hier.

Lage

Houstrup – Nordseeluft und Tannenduft

Houstrup liegt in einem waldreichen Gebiet zwischen der Blåbjerg Klitplantage und Nørre Nebel. Der Ort vereint die Vorteile der dänischen Nordseeküste mit einer geschützten Lage im Hinterland. Ein Schwimmbad, Familienrestaurants, Spielplätze und gute Einkaufsmöglichkeiten trösten schnell darüber hinweg, dass man zur Nordsee ein bisschen fahren muss.

Entspannter Urlaub für Familien und Hundefreunde

Die weitläufige Ferienhaussiedlung Houstrup liegt am Rand einer Dünenplantage und bietet viele Grundstücke mit blickdichten Hecken. Zum breiten Nordseestrand ist man zu Fuß oder mit dem Rad etwa drei bis vier Kilometer durch die Dünen unterwegs. Für Autofahrer gibt es auch zwei Parkplätze direkt am Meer. Die Versorgung mit dänischen Köstlichkeiten und allen anderen Dingen des täglichen Bedarfs ist trotz der ruhigen Lage kein Problem: Im nahegelegenen Dorf **Nørre Nebel** gibt es Schlachter, Bäcker, Banken, eine Apotheke und mehrere Supermärkte. Im Sommer kann man auch am Campingplatz in Houstrup frische Brötchen kaufen.

Familienurlaub

Auf kleine Urlauber warten mehrere Spielplätze. Eine Mahlzeit zum Familienpreis serviert die gut besuchte ♥ Brasseriet im Ferienpark Seawest. Bei trübem Wetter muss man auf den Badespaß nicht verzichten: Das tropische ♥ Badeland im Ferienpark hat fast das ganze Jahr geöffnet und zum ♥ Sportcenter Form u. Fritid in Nørre Nebel gehört ebenfalls ein Hallenbad.

Ausflugsziele rund um Houstrup

Naturerlebnisse

Herrliche Spaziergänge verspricht die abwechslungsreiche Natur der ♥ Blåbjerg Plantage. Mit 64 Metern ist der **Blåbjerg** die höchste Erhebung an Dänemarks Westküste. Die große Düne wurde Ende des 19. Jahrhunderts während eines Aufforstungsprogramms befestigt. Sogar Rotwild lebt heute in dem bunten Mischwald mit flachem Gehölz, der sich aus der Anpflanzung entwickelt hat.

Wandern & Radfahren

Verschiedene ♥ Wanderwege durchziehen das Gebiet, das sich von Henne bis nach Nymindegab erstreckt. Am höchsten Punkt erinnert ein Gedenkstein an den Initiator des Aufforstungsprogramms. Sportliche Radler treffen sich auf dem beschilderten Mountainbike-Trail und es gibt auch einen Reitweg durch den Wald. Die ♥ Radwege im Gebiet südlich des Ringkøbing Fjords sind alle gut

Houstrup
Strand

ausgebaut und beschildert, eine Karte bekommt man in jeder Touristeninformation. Fahrräder vermietet Brittom Bikes am Houstrupvej 30. Auf der stillgelegten Bahnstrecke von Nørre Nebel nach Nymindegab werden Draisinen vermietet, ein toller Spaß für Groß und Klein! Den Schlüssel für die Schienenfahrräder gibt's an der Tankstelle am Vesterhavsvej.

Mein Tipp

Einen gemütlichen Nachmittag erlebt man zwischen April und Oktober im **Farm Café** am Houstrupvej. Drinnen wie draußen ist die Einrichtung sehr dänisch „hyggelig". Viel Spielzeug und eine **Streichelwiese** warten auf junge Besucher. Bei **hausgebackener Torte** und anderen Leckereien vergeht ein Nachmittag wie im Flug.

HOUSTRUP **TIPPS**

 Naturerlebnisse

 Wandern & Radfahren

 Familienurlaub

 Urlaub mit Hund

QR-Code scannen und weiterstöbern! Den kompletten Artikel zum Ort mit Strandfotos, interessanten Ausflugszielen und vielen Ferienhäusern gibt es hier.

Lage

Bork Havn – auf den Spuren der Wikinger

In Bork Havn am Ufer des Ringkøbing Fjords gibt es nicht nur Wikingerschiffe und komfortable Hausboote, sondern auch tolle Ferienhäuser für jeden Geschmack. Surfer schätzen die Lage direkt am Surfspot, Familien freuen sich über große Grundstücke und Spielplätze. Naturfreunde werden die friedliche Landschaft mit gut ausgebauten Radwegen lieben.

Wer eine windgeschützte Lage am Fjord der oft stürmischen Nordsee vorzieht, fährt nach **Bork Havn**. Hier bekommt man fast alles, was Dänemark so liebenswert macht – bis auf den Dünenberg vor der Haustür. Entlang der Küste von Bork bis **Skaven** gibt es mehrere Fjordstrände mit viel Sand und flachem Wasser, **Familienurlaub** ♥ ideal für Kinder. Die Nordsee ist etwa zehn Kilometer entfernt.

Das Leben in Bork Havn spielt sich rund um den kleinen Hafen ab. Hier legen die Segeljachten an, die Fischer tuckern im Morgengrauen auf den Fjord hinaus und in der kleinen Einkaufsmeile findet man Gastronomie und ein paar Geschäfte mit Nippes oder Mode.

Auffallend sind die ♥ Hausboote an der Mole, die als Ferienunterkünfte vermietet werden. Sie können zwar nicht fahren, aber man hört das leise Plätschern der Fjordwellen schon beim Aufwachen. Die Boote liegen fest vertäut an einem Steg, bei starkem Wind spürt man dennoch, dass sie schwimmen. Zum Badestrand ist es nicht weit, hinter einem kleinen Deich liegt eine flache Sandbucht.

Die „echten" Ferienhäuser mit festem Boden unter den Dielen stehen südlich vom Hafen. Das Ferienhausgebiet erstreckt sich etwa zwei Kilometer nach Südwesten bis zum Bach Falen Å, der hier in den Ringkøbing Fjord mündet und der Siedlung **Falen** ihren Namen gab.

Im Hafen bekommt man im Sommer frischen Fisch. Die Fischer fahren morgens auf den Fjord hinaus und bieten am Vormittag ihre Schollen direkt von Bord an. Ein kleiner Supermarkt neben der Touristeninformation hat alles, was man sonst **Beliebter Imbiss** noch braucht. Für einen dänischen Hot Dog empfiehlt sich der ♥ Havnekiosken von Dorte und Thomas. Eis, frische Waffeln und herzhafte Kleinigkeiten gibt es auch am Bryggen, der kleinen Fußgängerzone im Süden des Hafens. Die Geschäfte und Lokale dort haben überwiegend nur im Sommerhalbjahr geöffnet.

Bork Havn

Ein Museumsdorf für Wikinger

In **Falen** an der Flussmündung der Falen Å legten einst die Wikinger den ersten Hafen an. Heute steht an dieser Stelle das Freilichtmuseum ♥ Bork Vikingehavn. Es hat im Sommer und in den dänischen Herbstferien geöffnet. Jedes Jahr wird das Dorf um neue Holzhäuser nach alten Bauplänen ergänzt. Die Museumsbesucher dürfen sich an den handwerklichen Arbeiten beteiligen oder eine Fahrt mit dem Wikingerboot unternehmen. Der Museumsladen liefert auch über einen Webshop, falls in Deutschland mal der Met ausgeht!

Geschichte

BORK HAVN

Sport und Spaß am Fjord

Am ♥ Surfspot in Bork Havn treffen sich alte Surfhasen und Anfänger, die bei einer der beiden Surfschulen vor Ort einen Kurs buchen können. Wer früh genug sucht, bekommt ein Ferienhaus direkt am Surfspot und muss seine Ausrüstung nur wenige Meter zum Ufer tragen. Man kann aber auch direkt am Spot parken.

Wassersport

An Regentagen lädt der ♥ Indoor-Spielpark am Ortsrand von Bork Havn zum Toben ein. In der großen Halle können Kinder hüpfen, rutschen, Ball spielen oder Zirkuskunststücke üben. Auch Billard, Airhockey und einige Fitnessgeräte gehören zum Angebot. Einen kreativen Nachmittag bei jedem Wetter verspricht ein Besuch der Kerzenmanufaktur ♥ Bork Lysstøberi am Hafen. Nebenan im ♥ Café Star werden das ganze Jahr über warme und kalte Speisen serviert.

Familienurlaub

Von Bork Havn nach Norden in Richtung **Hemmet** führt ein schöner Rundweg mit sportlichen Geräten am Fjord entlang. Der ♥ Trimmpfad heißt in Dänemark Hjertesti. Das Erkennungszeichen ist ein roter Kreis mit einem Herz in der Mitte. Weiter bis nach **Skaven** findet man an der Küste viele Sandbuchten, Picknick-

Hemmet Strand

plätze und einen entzückenden, kleinen Hafen mit bunten Fischerhütten. Der größere Jachthafen in Skaven wurde in den letzten Jahren zu einem beliebten Ausflugsziel erweitert. Auf der vorgelagerten Mole sitzen Angler in der Sonne, südlich vom Hafen wird gesurft und zum Austoben lädt ein großer

Familienurlaub

♥ Spiel- und Bolzplatz ein. Eis und kleine Gerichte gibt's am Campingplatz. Das ♥ Restaurant Skavenhus serviert gut-bürgerliche Küche mit Aussicht auf den Hafen, ebenso wie die Grillbar gegenüber.

Radtouren durch das Naturschutzgebiet

Die größte Attraktion der weitläufigen Landschaft um Bork Havn ist die flache, wasserdurchzogene Natur. Kostenlose Falt-karten für Radtouren (Cykelruter) am Fjord bekommt man in allen Touristenbüros. Fahrräder, Kindersitze und Fahrradhelme verleihen die Touristeninformation in Bork Havn und der Campingplatz in Skaven.

Wandern & Radfahren

Der Uferweg führt einmal um den ganzen Fjord herum. Nördlich von Skaven liegt das renaturierte Feuchtgebiet **Skjern Enge**. Die ♥ Skjern Å, auch ein beliebtes Angelgewässer, überquert man dabei mit zwei Zugfähren, vorbei an Wildpfer-den, Kühen und zahlreichen Wasservögeln. Allein dafür lohnt sich ein Ausflug in dieses Naturschutzgebiet! Für körperlich eingeschränkte Menschen und für Kinderwagen ist der Weg in der Skjern Enge leider nicht geeignet. Man kann aber

⚓ hestevognskor-sel.dk

mit dem Auto von Süden zur ♥ Skjernådalens udsigtsplatform an der Pumpsta-tion fahren oder zum Vogelturm am **Hestholm Sø**. Im kleinen ♥ Provstgaards Jagthus öffnet im Sommer eine Kaffeestube.

Ein Tipp für Genießer: Stauning

Nördlich der Skjern Å liegt **Stauning** am Fjord. Mit einer kleinen, recht bekannten ♥ Whisky-Destillerie und einem ♥ Flugzeugmuseum bietet der Ort zwei ganz besondere Attraktionen. Am malerischen Hafen liegen bunte Fischerboote und Jachten. In den alten Fischerhütten sind heute Wochenendgäste zu Besuch, die

Dänischer Whisky

es sich hier recht hyggelig gemacht haben. Ein kleiner Kaufmann hat das Nötigste im Sortiment, alles Weitere gibt es im nahen Skjern. Die Ferienhäuser stehen in der Nähe des Hafens und etwas weiter nördlich am Fjordufer vor **Mejlby**, wo auch der kleine Flugplatz mit dem Flugzeugmuseum liegt.

Man wohnt hier wunderbar im Grünen. Ein schöner Pfad führt durch die Wiesen am Fjord, es gibt einen Spielplatz und einige Häuser bieten einen Blick auf den Fjord. Das tröstet ein wenig darüber hinweg, dass Mejlby keine Badestelle hat.

Mein Tipp

Tarm und **Skjern** heißen die kleinen Städte östlich vom Ringkøbing Fjord. In Tarm findet von April bis Oktober ein wöchentlicher **Flohmarkt** statt und in Skjern kann man gut einkaufen. Sehenswert für Freunde dänischer Geschichte sind die nachgebaute **Kong Hans' Bro** (Brücke) über die Skjern Å und die Skulptur von **Holger Danske**, der Dänemark in größter Not retten wird.

BORK HAVN

BORK HAVN **TIPPS**

 Familienurlaub

 Wandern & Radfahren

 Wassersport

 Geschichte

QR-Code scannen und weiterstöbern! Den kompletten Artikel zum Ort mit Strandfotos, interessanten Ausflugszielen und vielen Ferienhäusern gibt es hier.

Lage

Bjerregård – Meeresrauschen und hohe Dünen

Bjerregård, auf Deutsch „Hof in den Dünen", heißt das südlichste Ferienhausgebiet auf der Landzunge Holmsland Klit zwischen Nordsee und Ringkøbing Fjord. Ruhe und Erholung, kilometerlanger Sandstrand, Wellenrauschen und immer eine frische Nordseebrise, aber auch eine recht hohe Dichte an Ferienhäusern, prägen diesen Ort.

Das „Hyggelige" zwischen Fjord und Meer

Wir fahren zum **Holmsland Klit** – juchhee! Mit diesem Gedanken werden sicher viele Stammgäste ihre Urlaubsreise in diese Region beginnen. Wenn man gegen Ende der Anfahrt den Ort **Nymindegab** passiert hat, öffnet sich der Ringkøbing Fjord mit einem malerischen Postkartenmotiv: Die kleinen Esehäuser am Südufer und ein altes, himmelblaues Fischerboot stimmen die Gäste auf die einzigartige Idylle der beliebten Halbinsel ein. Der erste Eindruck von **Bjerregård** ist unvergesslich. Hier fühlt man überall den Sand unter den Füßen, das Rauschen der Nordsee begleitet den Urlaub Tag und Nacht.

Die hohen Dünen halten den Wind etwas ab, müssen aber für jeden Strandbesuch erklommen werden. Bjerregård hat keinen Ortskern, es ist eine reine Urlaubersiedlung. Mehr als 1.100 Ferienhäuser stehen hier am südwestlichen Ufer des Ringkøbing Fjords zur Vermietung. Die Auswahl reicht von großen Poolhäusern über moderne Reetdachkaten bis zu kleinen, traditionellen

Mehr in Band II   ♥ Retro-Ferienhäusern mit Kamin und dem Charme der „guten alten Zeit". Am Rand der Ferienhaussiedlungen ist besonders in der Nebensaison Platz für lange

Urlaub mit Hund   ♥ Hundespaziergänge oder eine Wanderung durch die Dünen.

Den Strand erreicht man fast überall nur zu Fuß. Nur in Skodsbjerg und in Hegnet am Rand von Bjerregård gibt es einen Parkplatz an den Dünen. Für den täglichen Einkauf hat ein Kaufmann mit frischen Backwaren und einer Tanksäule ganzjäh-

Blick auf Bjerregård

rig geöffnet. Am Campingplatz gibt es während der Saison ebenfalls Brötchen und andere Kleinigkeiten. Vor beiden Geschäften können sich Kinder auf einem Spielplatz die Zeit vertreiben.

Sand, Sand, Sand und mehr ...

Das Schönste an Bjerregård ist der kilometerlange Nordseestrand. Der Wasserstand von Ebbe und Flut unterscheidet sich an der dänischen Nordseeküste nur um wenige Meter – in der Breite, nicht in der Tiefe! Vor dem Strand liegt ein bis zu 15 Meter hoher ♥ Dünengürtel, der den Wind abhält. Das gleichmäßige Rauschen des Meeres ist noch am Fjordufer zu hören. Die Dünen stehen unter Naturschutz, tiefe Löcher buddeln oder den Strandhafer ausgraben ist nicht erlaubt. Die Pflanzen halten den Sand zusammen und stabilisieren die Uferzone. Wie aussichtslos der Kampf gegen den wandernden Sand sein kann, sieht man an einigen, vom Sand halb verschütteten Ferienhäusern direkt unterhalb der Dünen.

Für Menschen, die nicht mehr so gut zu Fuß sind, und für Kinderwagen ist der Weg zum Strand schwierig, weil es keinen ebenen Zugang gibt. Wenn man den recht anstrengenden Marsch auf den Gipfel der hohen Sandberge geschafft hat, heißt es: Mütze und kleine Kinder festhalten – der Wind kann ziemlich kräftig wehen! Aber es gibt kaum etwas Befreienderes als sich von der salzigen Brise kräftig durchpusten zu lassen. Also Arme ausbreiten, Schuhe aus und die Düne hinab laufen bis zum Meer! Man könnte stundenlang am Wasser entlang spazieren, Steine und Muscheln sammeln, ausgebleichtes Treibholz und allerlei anderes Strandgut bewundern. Wer Glück und das richtige Know-how hat, findet vielleicht sogar einen ♥ Bernstein. Natürlich darf im Sommer auch in der Nordsee gebadet werden, allerdings ist das Wasser recht kühl und gerade Kinder

Natur-
erlebnisse

Bernstein
sammeln am
Strand

Bjerregård Strand

dürfen nie ohne Aufsicht in die Brandung gehen. Eine öffentliche Badeaufsicht gibt es nicht. Bei starkem Wind schwappt schon Erwachsenen im knietiefen Wasser die Welle bis zum Hals. Die Wasserqualität ist sehr gut, der Strand ist mit einer Flagge für gute Wasserqualität ausgezeichnet. Toiletten, Duschen oder eine Strandbar gibt es im Gebiet von Bjerregård nicht, dafür ist man mit einem Picknick-korb und einer Strandmuschel bestens ausgerüstet. Sonnenschutz nicht vergessen, die UV-Strahlung ist am Meer auch bei bedecktem Himmel intensiv.

Der Sand sieht überall gleich aus, darum muss man sich für den Heimweg oder für Notfälle immer die Nummer des ♥ Strandzugangs merken. Sie steht auf einem grünen Schild am Aufgang zu den Dünen. Die großen Holzkisten sind Sammelstellen für angeschwemmten Plastikmüll.

Mein Tipp

Die Kommunen Varde und Ringkøbing-Skjern veröffentlichen all-jährlich einen dicken Veranstaltungskalender mit geführten Touren durch den neu gegründeten Naturpark Vesterhavet und die kleinen Museen der Region. Auf **visitvesterhavet.dk** kann man die Termine für jede Altersgruppe und in verschiedenen Sprachen buchen.

Freizeitangebote im Surferparadies am Ringkøbing Fjord

Bjerregård ist ein guter Ausgangspunkt für Ausflüge rund um den Ringkøbing Fjord, zum Beispiel in das Städtchen ♥ Ringkøbing am Nordufer. In den schmalen Gassen findet man eine große Auswahl an dänischem Design, Kunsthandwerk oder Mode. Die Straßencafés locken mit selbstgebackenem Kuchen, manche bieten Live-Musik. Auch ♥ Hvide Sande, der Fischereihafen zwischen Nordsee und Fjord, ist schnell erreicht.

Mehr ab
Seite 74

An besonders stürmischen Tagen empfiehlt sich ein Strandtag am Fjordufer. Je einen kleinen Sandstrand haben die ♥ Surfspots bei Hvide Sande, schöner ist es aber am Ostufer des Fjords. Die Sandstrände zwischen ♥ Bork Havn und Skaven sind besonders breit, regelmäßige Kontrollen bürgen für einwandfreie Wasserqualität. Der Fjord ist als Paradies für Windsurfer bekannt. Für den ♥ Surfspot am Campingplatz in Bjerregård muss man eine Tageskarte kaufen. An der Rezeption werden auch SUP-Boards und Kanus vermietet.

Mehr ab
Seite 64

Wer lieber Pedale unter den Füßen haben möchte, bekommt auch Fahrräder am Campingplatz. Die gut ♥ ausgebauten Radwege durch die Dünen und an der Hauptstraße entlang sind ausgeschildert und auch für Kinder gefahrlos zu befahren. Nur den Gegenwind kann man nicht abschalten ...

Wandern &
Radfahren

BJERREGÅRD

BJERREGÅRD **TIPPS**

 Naturerlebnisse

 Wandern & Radfahren

 Familienurlaub

 Urlaub mit Hund

QR-Code scannen und weiterstöbern! Den kompletten Artikel zum Ort mit Strandfotos, interessanten Ausflugszielen und vielen Ferienhäusern gibt es hier.

Lage

Årgab – Nordseestrand und Fjordblick

Wer in Årgab Urlaub macht, kann sich auf hohe Stranddünen oder einen traumhaften Blick über den Ringkøbing Fjord freuen, denn die Landzunge zum Fjord ist
hier besonders schmal. Der Fischerort Hvide Sande liegt vor der Tür und am Fjord
gibt es gute Surfmöglichkeiten.

Surfen, Baden und Angeln

Årgab ist kein Ort, sondern eine Ferienhaussiedlung zwischen **Hvide Sande** und
der kleinen Siedlung **Haurvig**. Hohe Dünen, Heidekraut, Strandhafer, Heckenrosen und Sanddorn prägen die Landschaft. Die Landzunge **Holmsland Klit** wird
in Årgab kurz vor der Hafenstadt **Hvide Sande** besonders schmal, dadurch ist
der Weg zum Nordseestrand oder zum grünen Ufer des Ringkøbing Fjordes nie
sehr weit. Am ♥ Surfspot Westwind gibt es auch einen schönen Fjordstrand.
Für Kinder ist der Fjord mit seinem flachen Ufer ein echtes Planschbecken und
mutige Badegäste tauchen in die Nordseewellen. Von April bis Oktober öffnet
am Campingplatz Nordsø Camping ein ♥ Badeland für überdachten Badespaß.

Angeln   Wenige Meter weiter – in ♥ Klittens Put-and-Take-Teichen – warten dicke
Forellen und Schollen auf den passionierten Angler. Das Teichwasser wird mit
Salzwasser angereichert, dadurch schmecken die Fische wohl besonders lecker.
Über die Dünenwege ist man sowohl mit dem Rad als auch zu Fuß schnell im
belebten Hvide Sande, und genauso schnell auch wieder zurück in Årgab, wo die
Ruhe wartet.

Mein Tipp

Der prächtige Hof **Abelines Gaard** wurde im 19. Jahrhundert vom
Strandvogt Christen Christensen erbaut. Strandvogte sind zustän-
dig für den Küstenschutz und bewahren wertvolles Strandgut auf.
Der Hof öffnet von April bis Oktober als Teil des **Ringkøbing-Skjern-
Museums**, einem Heimatmuseum mit mehreren Standorten, das
die Vergangenheit als „lebendige Geschichte" (Levende Historie)
zum Anschauen und Mitmachen präsentiert.

Årgab
Ferienhaus-
gebiet

Strandhöfe und Fjordfischer in Haurvig

Südlich von Årgab liegt die kleine Siedlung **Haurvig** am Ringkøbing Fjord. Vor einer verträumten Hafenbucht steht die weiße ♥ Haurvig Kirche aus dem 18. Jahrhundert. Sie ist umgeben von einem Friedhof, auf dem auch gefallene Piloten der Alliierten aus dem Zweiten Weltkrieg beerdigt wurden. Die Kanzel der Seemannskirche erinnert an das Ruderhaus eines Fischkutters. Lohnenswert ist auch ein Spaziergang zum malerischen ♥ Fjordhafen am Vinterlejevej, wo kleine Fischerboote im Schilf dümpeln, mit denen die Bewohner der Region zum Fischen auf den Fjord tuckern.

Die Landzunge Holmsland Klit war schon immer spärlich besiedelt, denn das Leben zwischen ständigem Wind und Treibsand war kein Zuckerschlecken. Landwirtschaft gab es kaum, nur große Höfe überlebten auf Dauer. Einige der großen Strandhöfe sind gut erhalten und heute beliebte Ausflugsziele.

Wer gern in einem ♥ Reetdachhof wohnen möchte, hat die Wahl zwischen komfortablen Nachbauten oder auch liebevoll renovierten Höfen aus der alten Zeit.

Geschichte

Boote und Häfen

ÅRGAB

ÅRGAB **TIPPS**

 Angeln

 Wassersport

 Boote und Häfen

 Geschichte

QR-Code scannen und weiterstöbern! Den kompletten Artikel zum Ort mit Strandfotos, interessanten Ausflugszielen und vielen Ferienhäusern gibt es hier.

Lage

Hvide Sande Tyskerhavn

Hvide Sande – frischer Wind für Surfer

In Hvide Sande in der Mitte der Landzunge Holmsland Klit verbindet eine Schleuse den Ringkøbing Fjord mit der Nordsee. In der Fischauktionshalle wird täglich der Nordseefang versteigert, an den beiden Stränden tummeln sich die Urlauber und am Fjordufer stehen schicke Ferienwohnungen mit Blick auf's Wasser. Im April treffen sich die Angler zum großen Heringsfestival.

Ferienhäuser zwischen Strandleben und Fischerei

In **Hvide Sande** dreht sich von jeher alles um die Fischerei. Eine ♥ Schleuse verbindet den Ringkøbing Fjord mit der Nordsee, über zwei Brücken gelangt man von einem Ortsteil zum anderen. Im Süden liegt das Ortszentrum mit dem ♥ Fischereihafen und der Fischauktionshalle, die im Juli und August sonntags auch für Touristen öffnet. Nördlich der Schleuse findet man weitere Einkaufsmöglichkeiten und eine Touristeninformation. Am Fjordufer liegen der Tyskerhavn mit Fischerhütten und kleinen Ferienhäusern und ein Wassersportzentrum mit Kabelpark.

Boote und Häfen

Einkaufen kann man in Hvide Sande alles, was man so braucht, Fisch in jeder Form gibt es in verschiedenen Räuchereien im Zentrum. Kenner besuchen den rustikalen Fischimbiss am Beddingsvej, mit Fjordblick! Wer lieber Süßes mag, sollte in ♥ Ejvinds Bageri das köstliche Angebot studieren. Interessantes über die Lebenswelt der Fische und der Fischer erfährt man im Aquarium

Familienurlaub

↗ fiskeriets-hus.dk

♥ Fiskeriets Hus. Bei Regen lädt ein ♥ Schwimmbad zum Planschen ein. Auch für eine Mahlzeit ohne Fisch bietet Hvide Sande mehrere, gute Restaurants rund um den Hafen.

Auf dem riesigen ♥ Nordstrand, an dem man sich fast ein bisschen verloren fühlt, drehen drei gigantische Windräder ihre Flügel. Sie wurden errichtet, um mit dem Ertrag die Kosten für den Hafenausbau zu finanzieren. Am ♥ Südstrand findet man die besseren Gegebenheiten: weichen Sand, ein Beachvolleyballfeld und einen barrierefreien, gepflasterten Zugang vom Parkplatz auf den Strand. Die ♥ Surfschule vermietet auch Boards und betreibt eine kleine Kaffeebar. Der Nordstrand unter den Windrädern ist eher ein Ziel für Angler oder Spaziergänger, die einsame Wanderungen ohne Trubel mögen. Bis zu den Ferienhäusern von **Nørre Lyngby** zieht sich der kilometerlange Strand an fast unbebauten Dünen entlang.

HVIDE SANDE

Mein Tipp

Der weiße Leuchtturm **Lyngvig Fyr** ist ein Schmuckstück in den Dünen vor den Ferienhäusern von Nr. Lyngby. Mit einer Flammhöhe von 53 Metern ist er zwar längst nicht so hoch wie die Windräder, aber um einiges schöner. Wer die Mühen des Treppenhauses nicht scheut, wird mit einer spektakulären Aussicht über die Küste belohnt.

Mehr auf Seite 78

Eldorado für Wassersportbegeisterte

Aus einer kleinen Surfschule am Ringkøbing Fjord ist eine der größten Surfanlagen in Dänemark geworden. Die ♥ Surfschule Westwind ist in Hvide Sande gleich mehrmals vertreten. Die größte Anlage steht am Wassersportzentrum nördlich der Schleuse. Die Surfschule und der Spot bieten ideale Bedingungen für

Wassersport

alle, die meisterlich surfen können oder es lernen wollen. Im Sommer ist hier der Bär los. Kiter müssen zusehen, dass sie auf der Wiese einen Platz für ihre Leinen finden und am Strand können kleine Kinder schon mal im Getümmel verloren gehen. Trotzdem ist die Stimmung dänisch-gemütlich, wie ein großes Familientreffen! Sollte der Wind mal nicht so mitspielen, wäre es eine gute Gelegenheit, das

Wassersport Wakeboarden am ♥ Kabelpark zu testen. Eine Seilkonstruktion über dem Fjord zieht die Wellenreiter über das Wasser. Gelangweilten Teenagern sollte man eine Dauerkarte schenken, sie werden mit Begeisterung an ihren Urlaub zurückdenken! Wer kein Board dabei hat oder sich im Wasserski üben möchte, kann das nötige Equipment mieten. Und wer nur ein bisschen buntes Treiben sucht,

↗ waterz.dk bekommt viel geboten. Jedes Jahr im September findet hier das ♥ WaterZ statt, ein internationales Wassersportfestival mit verschiedenen Wettbewerben auf dem Ringkøbing Fjord.

↗ beachmarathon. com Eine sportliche Herausforderung ganz anderer Art findet alljährlich im Juni statt: der ♥ Strandmarathon. Start und Ziel sind am Surfspot, der Weg führt nach Nymindegab und zurück. Vierzig Kilometer von Dänemarks schönstem Sandstrand – ziemlich anstrengend zu laufen, aber dafür eine einmalige Laufstrecke!

Petri Heil und Segeltörns

In Hvide Sande kann man frischen Fisch an jeder Ecke kaufen, aber es geht natürlich nichts über ein selbst gefangenes Mahl. An der Hafenmauer nördlich der Schleuse liegt das Hvide Sande Sportfiskercenter. Um im Hafengebiet zu angeln, muss man hier eine Karte kaufen: wenn das Center von November bis Mitte März geschlossen ist, darf man ohne Karte angeln. Richtig voll wird es im April, wenn

Angeln Hvide Sande zum ♥ Heringsfestival ruft. Das Hvide Sande Sportfiskercenter ist der erste Anlaufpunkt für alle Sportfischer, die auf Hering oder Plattfisch gehen wollen. Wer Forellen mag,

Angeln sollte sein Glück an einem ♥ Put-and-Take-Gewässer in der Umgebung versuchen.

Hvide Sande
Sydstrand

Für Angeltouren und Rundfahrten auf der Nordsee sticht die ♥ M/S Solea mehr-mals pro Woche in See, Tickets und weitere Informationen gibt es im ♥ Angelge-schäft Kott Fritid neben dem Fiskeriets Hus.

Für die Mobilität an Land bietet der Fahrradverleih ♥ Hvide Sande Bike ein umfangreiches Sortiment für Urlauber. Selbst Rollstühle, E-Bikes und Elektroroller, Kinderwa-gen oder Fahrradanhänger werden hier vermietet. Der Anbieter bringt die Fahrzeuge direkt zum Ferienhaus, vorausgesetzt, man mietet sie für mindestens eine Woche.

Angeln

↯ kottfri-tid.dk

↯ hvide-sande-bike.de

HVIDE SANDE

HVIDE SANDE **TIPPS**

 Wassersport

 Angeln

 Familienurlaub

 Urlaub mit Hund

QR-Code scannen und weiterstöbern! Den kompletten Artikel zum Ort mit Strandfotos, interessanten Ausflugszielen und vielen Ferienhäusern gibt es hier.

Lage

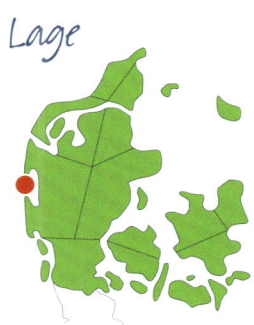

Klegod

Klegod – Ruhe unterm Leuchtturm

In Klegod sind die weitläufigen Dünen üppig mit Heide, Hagebutten und Strandhafer bewachsen. Ein großer Teil des Gebietes steht unter Naturschutz. Die hübschen Reetdachferienhäuser in der Heide und die Nähe zum Leuchtturm Lyngvig Fyr locken seit Jahren viele Gäste an.

Ferienhäuser in der Dünenheide von Klegod

Klegod liegt auf der Nordseite der Landzunge **Holmsland Klit** zwischen Søndervig und Hvide Sande. Sobald man vom recht viel befahrenen Holmsland Klitvej in die Seitenwege abbiegt, ist man umgeben von himmlischer Ruhe und dem Duft der Dünenvegetation. Die älteste Ferienhaussiedlung in Klegod ist das **Holmsland Klitby**. Es wurde Ende der 1960er Jahre gegründet und besteht aus weißen Nurdachhäusern, von denen viele inzwischen liebevoll renoviert wurden. Einige haben ihren alten Charme behalten, in so einem ♥ Retro-Haus fühlt man sich vielleicht zurückversetzt in die Kindheit! Doch es wird und wurde weiter gebaut und so findet man heute auch ein schönes, modernes Komforthaus in der friedlichen Landschaft. Durch die Dünen führen Kieswege zum Radeln und Wandern. Eine Buslinie verkehrt regelmäßig nach Ringkøbing und Hvide Sande.

Mehr in Band II, Seite 194

Von Ostern bis zu den Herbstferien öffnet am Holmsland Klitvej morgens eine Bäckerei, bei der man auch Fahrräder mieten kann. Südlich von Klegod beginnt

die Ferienhaussiedlung Nørre Lyngvig, die zu Hvide Sande gehört. Der Lyngvig Hafen am Fjord ist ein idyllisches Ziel für einen Spaziergang.

Schöne Aussichten vom Leuchtturm

In den Dünen von Nørre Lyngvig wacht der Leuchtturm ♥ Lyngvig Fyr über die Küste. Ein Teil der
♥ Dünenlandschaft steht unter Naturschutz.
Der Blick über die blühende Heide kann mit
jedem Meerblick konkurrieren. Wer die schöne Treppe mit 228 Stufen im Leuchtturm
hinaufsteigt, hat den besten Blick. Der Turm
wurde 1906 erbaut und hat eine Flammhöhe
von 53 Metern über dem Meeresspiegel. Ein
kleines Museum erzählt etwas über seine
Geschichte und im Nebengebäude gibt es
eine ♥ Galerie mit Kleidung und Kunsthandwerk, eine Ausstellung zur Entwicklung der
Urlaubsregion Holmsland Klit von 1960 bis heute
und eine ♥ Kaffeebar. Der Spielplatz ist bei Kindern
sehr beliebt.

Der ♥ Klegod Fiskesø besteht aus zwei Seen mit schönem Ausblick auf den Ringkøbing Fjord. Ein Aufenthaltsraum und eine überdachte Terrasse schützen bei Regen und auf dem Grillplatz kann man die frisch geangelten Forellen gleich verspeisen. Ein breiter Radweg entlang der Hauptstraße führt nach Søndervig, in Richtung Ringkøbing wurde speziell für Radfahrer eine Abzweigung über den Fjord angelegt. Der ♥ Bagges Dæmning mit seinem herrlichen Blick über den Fjord ist natürlich auch für Fußgänger freigegeben.

Angeln

Wandern & Radfahren

KLEGOD

KLEGOD **TIPPS**

 Angeln

 Naturerlebnisse

 Wandern & Radfahren

 Geschichte

 QR-Code scannen und weiterstöbern! Den kompletten Artikel zum Ort mit Strandfotos, interessanten Ausflugszielen und vielen Ferienhäusern gibt es hier.

Lage

Søndervig – Urlaubsspaß für Jung und Alt

Søndervig ist der nördlichste Ort am Holmsland Klit. Hier findet man ganzjährig eine gelungene Mischung aus Urlaubsruhe in den Dünen und Unterhaltung im Zentrum. Am breiten Strand wacht im Hochsommer eine Badeaufsicht. Wer lieber abseits vom Zentrum wohnt, mietet sich in Houvig oder Lodbjerg Hede ein.

Ferienhäuser zwischen Freizeitvergnügen und Meeresrauschen

Søndervig hat sich in den letzten Jahren zu einem sehr ♥ beliebten Urlaubsort entwickelt. Infolgedessen wurde das Zentrum nach und nach umgestaltet und die Wege und Plätze modernisiert. Die beiden Hauptstraßen sind verkehrsberuhigt und hell gepflastert und der frühere Parkplatz am Badevej wurde zu einer Fußgängerzone mit Sandkasten und Bänken umgebaut. Der Strandzugang am Badevej ist barrierefrei. In den Sommerwochen wachen zwei Rettungsschwimmer über die Badegäste und eine Flagge bürgt für gute Wasserqualität.

Der gut sortierte Supermarkt mit Geldautomat und zwei Bäckereien haben alles für den täglichen Bedarf und ein paar Boutiquen laden zum Bummeln ein. Wenn man direkt im Zentrum wohnt, kann man alle Wege bequem zu Fuß erledigen. Am Lodbjergvej sorgen das Freizeitzentrum ♥ Beach Bowl, das neue ♥ Badeland Lalandia oder der bayerisch anmutende ♥ Biergarten für Unterhaltung.

Indoor-Aktivitäten

Nur wenige Meter außerhalb des Zentrums von Søndervig geht es beschaulich zu. Die Ferienhaussiedlung grenzt im Süden direkt an Klegod und reicht im Norden bis zum schönen **Sidselbjerg Strand** in **Houvig**. Die Wege über die Dünen sind außerhalb des Ortszentrums nicht befestigt. Vereinzelt stehen alte Bunkerruinen im Sand. In der ♥ Vestkystens Gårdbutik bekommt man hochwertige Lebensmittel und leckeres Eis. Einkaufen kann man in Houvig auch in einem kleinen Lebensmittelmarkt.

Søndervig Strand

Lodbjerg Hede heißt die Urlaubssiedlung im Grünen zwischen dem Golfplatz von Søndervig und dem Dorf **Kloster**. Der große Spielplatz an der Birkealle wird Kindern gefallen und ein Ausflug zu ♥ Jettes Straußenfarm am Ufer des Stadil Fjords ist ein tierisches Vergnügen für jedes Alter.

⌁ jettes-strudse-farm.dk

An der Straße nach Kloster versteckt sich ein sehr schönes Handarbeitsgeschäft mitten auf dem Feld: ♥ Huset Tind. Kerzen- und Nippesfreunde sollten bei ♥ Kloster Design im gleichnamigen Dorf vorbeischauen. Die Auswahl an Kerzen, die man auch selber ziehen darf, ist wirklich überwältigend. Anschließend lädt Charly's Café zu einer süßen Kaffeepause ein.

Kunst und Handwerk

SØNDERVIG

Mein Tipp

Das **Sandskulpturenfestival** in Søndervig ist eines von vielen Festivals entlang der dänischen Küste, die jedes Jahr von internationalen Sandkünstlern geschaffen werden. Der besondere Sand hat einen bestimmten Lehmgehalt, damit die Kunstwerke bei Regen nicht zerfließen und einen ganzen Sommer sehenswert bleiben. Mehr dazu auf **www.sandskulptur.dk**.

Ringkøbing, die schöne Hafenstadt am Fjord

Am Nordufer des Ringkøbing Fjords liegt das hübsche Städtchen ♥ Ringkøbing. In den gemütlichen Gassen warten Restaurants mit Sonnenplätzen und kleine Läden, die allerlei Nützliches oder Dekoratives verkaufen. Auch Künstler und

Ringkøbing

Stadtbummel in
Ringkøbing
Kunsthandwerker haben sich hier niedergelassen. Ein Anziehungspunkt bei sonnigem Wetter ist der ♥ Hafen. Die Fischerhütten sind immer frisch gestrichen und dienen den Besitzern als gemütliche Wochenendlaube. Natürlich gibt es hier auch einen ♥ Fischimbiss mit musikalischen Veranstaltungen, vor dem im Sommer viel Betrieb herrscht. Hinter den Fischerhütten steht das neue Rathaus der Stadt. Dort parken Wohnmobile, Picknickbänke laden zu einer Brotzeit ein. In der ♥ Touristeninformation am Marktplatz bekommt man eine Broschüre mit einem Stadtrundgang durch die interessanten Gassen der Stadt. Das ♥ Ringkøbing Museum präsentiert lokale Geschichten und organisiert ♥ Bunkertouren entlang der Nordsee.

Geschichte

Familienurlaub
Vor den Toren von Ringkøbing liegt das Erlebniscenter ♥ Naturkraft, das sich mit den Naturelementen, ihrem Wirken und ihrem Nutzen für die Menschen beschäftigt.

Ein etwas ruhigeres Naturerlebnis bieten der ♥ Forundringens Have, ein Natur- und Lehrgarten der Vestjyllands Hochschule am Vesttarpvej, oder ♥ Laubjergs Rosengarten am Borkvej, ein Gartencenter mit einem wunderbaren Rosen- und Apfelgarten.

Sportlich im Urlaub

Ein beliebter ❤ Surfspot liegt zwischen Søndervig und Ringkøbing am Ende des Baggesvejs, wo Picknickbänke und wetterfeste Hütten für Sportler bereitstehen. Auch für Zuschauer ist es ein farbenprächtiges Spektakel, wenn die Surfer und Kiter auf dem Fjord kreuzen. Die ❤ Surfschule Surffarm bietet hier Kurse für jedes Alter an.

Wassersport

⚓ surffarm.dk

Ein zweiter Surfspot liegt am Vellingvej im Osten von Ringkøbing. Der Surfclub der Stadt sorgte für gute Bedingungen. Der schmale Sandstrand mit einem Badesteg und vielen Bänken an der Promenade lockt auch Badegäste an.

Der Radweg von Søndervig führt über einen schmalen Damm im Ringkøbing Fjord, den ❤ Bagges Dæmning. Der ❤ Søndervig Fahrradverleih liefert Leihfahrräder bis zum Ferienhaus und holt sie auch wieder ab. Stört man sich nicht am stetigen Wind, kann man rund um Søndervig herrliche Radtouren unternehmen.

Wandern und Radfahren

Im ❤ Holmsland Klit Golfclub zwischen Lodbjerg Hede und Søndervig mit 27 Spielbahnen muss man gegen Windböen oder tückische Wasserlöcher antreten. Eher für Kinder und Jugendliche eignet sich das beliebte ❤ Fußballgolf. Im ❤ Adventure Park kann man wählen zwischen zahlreichen, ungewöhnlichen Ballspielarten wie Handballgolf, Fußballgolf, Abenteuergolf oder einem winzigen Indoorgolf. Am besten, man kauft eine Jahreskarte und probiert alles aus! Zum Park gehören auch ein ❤ Café und ein Laden mit Kunsthandwerk und Leckereien. In Søndervig, in Hvide Sande und in Ringkøbing gibt es eine ❤ Schwimmhalle.

Familien-urlaub

Ein großer Waldspielplatz liegt in der ❤ Velling Plantage am Kærbyvej, östlich von Ringkøbing. Hier darf sogar der Hund mitspielen, denn dieses Waldgebiet ist als Freilaufzone für Hunde freigegeben.

Urlaub mit Hund

SØNDERVIG

SØNDERVIG TIPPS

 Kunst und Handwerk

 Familienurlaub

 Wandern & Radfahren

 Geschichte

QR-Code scannen und weiterstöbern! Den kompletten Artikel zum Ort mit Strandfotos, interessanten Ausflugszielen und vielen Ferienhäusern gibt es hier.

Lage

Vester Husby – Reetdachidylle in den Dünen

Vester Husby ist ein besonders schönes Ferienhausgebiet mit gemauerten Reetdachhäusern, die an die Strandhöfe aus früheren Zeiten erinnern. Am breiten
Nordseestrand und in den hohen Dünen ist nie Gedränge, nur die alten Bunker
sind immer da. Das weitläufige Waldgebiet lockt auch Besucher aus der Umgebung zum Wandern und Radfahren.

Weite Dünen und schöne Strände

Nördlich der kleinen Orte **Vedersø Klit** und **Husby** erstreckt sich zwischen Wald
und Dünen das Ferienhausgebiet **Vester Husby**. Das harmonische Bild dieser
Siedlung sichert eine Bauverordnung, die nur ♥ reetgedeckte Steinhäuser auf
großen Grundstücken erlaubt. Die Inspiration dazu gaben die alten Strandhöfe
der dänischen Westküste. Damit unterscheidet sich Vester Husby von anderen
Urlaubsorten, denn typische Holzferienhäuser gibt es kaum. Manche Häuser
stehen recht offen in den weiten Dünen, andere bieten blickgeschützte Grundstücke durch die Lage im üppigen Waldgebiet der ♥ Husby Klitplantage.

Wandern und
Radfahren

Der Weg zum naturbelassenen Strand ist durch den sehr breiten Dünengürtel etwas mühselig, aber es gibt drei Parkplätze dicht am Meer. Besser beraten ist man mit einem Fahrrad, denn viele Wege sind für Autos gesperrt und man kann ungestört vor den Dünen oder durch den Wald radeln. Die Husby Klitplantage lockt auch Hundebesitzer an. Gut erzogene Vierbeiner dürfen das ganze Jahr über ohne Leine im ♥ Hundewald herumtoben. Die Einfahrt zu dem umzäunten Gebiet am südlichen Rand der Klitplantage ist ausgeschildert.

Urlaub mit Hund

Familien mit Kindern werden den Badesee lieben. Am Ende des Græmvejs, der mitten durch die Plantage verläuft, erreicht man einen kleinen ♥ Waldsee mit kinderfreundlichem, flachem Ufer. Am See ist es windgeschützt, die Bäume bieten Schatten und ein Toilettenhäuschen gibt es ebenfalls. Jede Menge Sand zum Buddeln und naturbelassene Liegewiesen säumen das Ufer des Sees.

Baden im Græm Sø

Der Nordseestrand zwischen Houvig und Vester Husby ist nicht bewacht und besonders bei starkem Wind oft mit Treibgut verunreinigt. Auch mit Steinen auf dem Sand und im Wasser muss man rechnen, je nach Wind und Strömung wandern die Kiesfelder an der Küste entlang. Ein sandiges Fleckchen findet sich aber immer in fußläufiger Entfernung! Typisch für den dänischen Nordseestrand sind die großen ♥ Betonbunker, die im Zweiten Weltkrieg an den Strand gepflanzt wurden und die Jahre fast unbeschadet überstanden haben. In Vester Husby findet man mehrere dieser Klötze, die langsam im Sand versinken.

Geschichte

Am Havvej gibt es Touristeninformationen, Brennholz und Fahrräder zu mieten. Der Supermarkt am Campingplatz deckt im Sommer den täglichen Bedarf, für größere Einkäufe fährt man nach Søndervig oder in die nahegelegene Kleinstadt **Ulfborg**.

Natur, Kunst und Handwerk

Die grüne Husby Klitplantage ist zu jeder Jahreszeit schön, auch ohne Hund. Wer im Spätsommer oder im goldenen Herbst nach Vester Husby reist, sollte den Korb für ♥ Pilze und Beeren nicht vergessen.

Ein Fernglas gehört ins Gepäck, wenn man im Frühjahr oder Spätherbst reist. Rund um den ♥ Stadil Fjord sammeln sich dann tausende Zugvögel. Das Gebiet steht unter Naturschutz und es gibt viele Wanderwege durch die flache Land-

Naturerlebnisse

schaft, um das Schauspiel zu beobachten. Auch rund um den ♥ Nissum Fjord nördlich der Klitplantage ist die Landschaft zum Schutzgebiet erklärt worden. Das ♥ Vedersø Reitcenter organisiert Wanderritte durch die Dünen und am Strand entlang. Auf den Islandpferden können Kinder ab neun Jahren mitreiten. Die Jüngeren müssen nicht traurig sein – sie dürfen von ihren Eltern auf der Reitbahn geführt werden.

Kunst und Handwerk

Zwischen den Ferienhäusern findet man die ♥ Græmhus Kunstgalleri. In der besonderen Atmosphäre eines alten Hofes stellen dänische Künstler ihre Kunstwerke zum Bestaunen und zum Kaufen aus. Ebenfalls ganz in der Nähe liegt die ♥ Keramikwerkstatt von Eva Hermann, die sich für ihre Objekte von der Natur inspirieren lässt.

Museen und Städte in der Umgebung

Fast jedes Dorf hat in Dänemark eine eigene, sehenswerte, kleine Kirche. Auch rund um die Husby Klitplantage stehen mehrere dieser typischen, weißen Gotteshäuser im romanischen Stil. Eine besondere Gedenktafel für die Opfer einer Schiffskatastrophe am Heiligabend 1811 findet man auf dem Kirchhof der Sdr. Nissum Kirche. Über das tragische Unglück berichtet ausführlich das

Mehr auf Seite 90

♥ Strandingsmuseum St. George in Thorsminde bei Fjand, das nach einem Umbau in ganz neuem Glanz erstrahlt.

Speisen im alten Herrensitz

Der einzige heute noch erhaltene Herrensitz in Westjütland ist das ♥ Gut Nørre Vosborg zwischen Vemb und Ulfborg. Jeden Sommer öffnet es seine Pforten für Kulturveranstaltungen und Besichtigungen. Das Restaurant serviert gehobene Küche und einen Sonntagsbrunch, auf Wunsch mit Führung durch den Hof (in dänischer Sprache). Eine Reservierung wird empfohlen. Im ♥ Ringkøbing Museum ist die komplett erhaltene Inneneinrichtung eines Bunkers ausgestellt,

der während eines Sturms im Frühjahr 2008 südlich von Vester Husby freigelegt wurde.

Geschichte

Ebenfalls ein Museum ist der ♥ Kaj Munks Præstegård, dem ehemaligen Pfarrhof von Vedersø. Der Pastor und Schriftsteller Kaj Munk war ein Kritiker der Nationalsozialisten, der 1944 hingerichtet wurde. In seinem Pfarrhaus auf einem schönen Grundstück am Nørresee wird Kaj Munk mit einer Ausstellung gewürdigt, dazu öffnet im Sommer ein Café. Das ♥ VW & Retromuseum bei **Ulfborg** zeigt eine private Sammlung alter Volkswagen vom Käfer über den Golf bis zum legendären Bulli.

Vester Husby Havvej

Neben verschiedenen Geschäften und Discountern hat Ulfborg auch ein
♥ Schwimmbad und einen Bahnhof. Frisch gerösteten Kaffee verkauft Hedekaffe
in **Ulfborg Kirkeby**. Die nächste größere Stadt ist **Holstebro**, eine lebendige
Regionshauptstadt mit einer langen Fußgängerzone. Zahlreiche Skulpturen von
berühmten Bildhauern schmücken die Stadt, darunter sogar eine kleine Figur
von Alberto Giacometti.

⬈ sportogfritid-holstebro.dk

Gut zu wissen

Der **Atlantikwall** sollte im Zweiten Weltkrieg auf 8.000 Kilometer
Küste von Frankreich bis nach Norddänemark die Deutschen vor
einer Landung der Alliierten schützen. Nach der Kapitulation 1945
wurden die Bunker innerhalb weniger Tage ausgeräumt. Einen
unerwarteten Fund legte 2008 ein Sturm an der Küste vor Vedersø
frei – die vollständige Einrichtung eines Bunkers, die heute im
Ringkøbing Museum zu sehen ist.

VESTER HUSBY **TIPPS**

 Kunst und Handwerk

 Urlaub mit Hund

 Wandern & Radfahren

 Geschichte

QR-Code scannen und
weiterstöbern! Den
kompletten Artikel zum
Ort mit Strandfotos,
interessanten Ausflugszielen und
vielen Ferienhäusern gibt es hier.

Lage

VESTER HUSBY

Bjerghuse

Fjand – zwischen Nordsee und Nissum Fjord

Die Urlaubsregion Fjand liegt zwischen dem Nissum Fjord und der Nordseeküste, nicht weit entfernt vom großen Limfjord. In Bjerghuse hört man die Wellen rauschen und wohnt gleich hinter der ersten Dünenreihe, in Nørhede und in Nørre Fjand liegt der idyllische Nissum Fjord direkt vor der Tür.

Bjerghuse und Sdr. Fjand: Nordsee hautnah

Geschichte

Der kleine Ort **Bjerghuse** kuschelt sich direkt an die Dünen und gehört zu den ältesten Ferienhaussiedlungen an der dänischen Nordseeküste. Die Atmosphäre im Ort ist ganz besonders, denn die ♥ historischen Holzferienhäuser sind wesentlich kleiner als man heute üblicherweise baut. Dafür werden sie umso liebevoller mit Blumen, Muscheln und Steinen dekoriert. Der schöne, naturbelassene Sandstrand liegt hinter einer nicht so sehr hohen Düne, eine Strickleiter hilft beim Aufstieg. Am Strand ist meistens wenig Betrieb. Der schönste Strandabschnitt liegt südlich von Bjerghuse am Ende des Spidsbjergvejs.

Badeaufsicht, Toiletten oder gar eine Strandbar gibt es nicht. Dafür viel Ruhe und eine weitläufige, grüne Umgebung zwischen Fjord und Nordseestrand. Zum Einkaufen fährt man nach **Sdr. Nissum** oder nach Ulfborg.

Nørhede und Nr. Fjand: Natur pur am Nissum Fjord

Am ♥ Nissum Fjord liegen die Ferienhaussiedlungen **Nr. Fjand** und **Nørhede**. Nr. ↗ parkumfjord.dk
Fjand liegt etwas näher an der Nordsee. Am Nissum Fjord kann man hier nicht
baden, doch es gibt einen hübschen kleinen Hafen
mit einem schönen Spielplatz am Helmklivej.
Die Ferienhaussiedlung endet auf einer
Landzunge gegenüber der Insel Fjandø, einem ♥ Vogelschutzreservat. Surfen oder
Bootfahren ist während der Brutzeiten
nicht erlaubt.

Nørhede liegt östlich der Fjandinsel.
Am Sandholm Havn gibt es ein Stück
Badestrand und einen Surfspot. Der
Uferweg am Grünstreifen vor den
Ferienhäusern ist sehr idyllisch, es
gibt mehrere, schmale Sandbuchten
und ein paar Picknickbänke. Ganz im
Osten liegt Felsted Kog, wo Schilf für Reetdachhäuser geschnitten wird. Der Hafen ist
ein lauschiges Plätzchen mit bunten Hütten und
kleinen Booten.

Mein Tipp:

Von außen etwas schmucklos, aber mit umso köstlicherem
Sortiment erwartet die **Fjand Gårdbutik** am Klitvej ihre Gäste. Im
Hofladen bekommt man verschiedene Essig- und Ölvariationen,
Bier aus einer kleinen Hausbrauerei oder Seifen und Duftöle. Das
Café serviert leckeren Kuchen, zeigt wechselnde Ausstellungen und
veranstaltet Konzerte und Lesungen.

Thorsminde – Anglerglück und Seemannspein

Die Hafenstadt **Thorsminde** liegt an der Öffnung des Nissum Fjords zur Nordsee.
Die Mole zwischen den beiden Gewässern gehört zu den beliebtesten ♥ Angel- Angeln
gewässern der Region. Bei jedem Wetter und zu jeder Jahreszeit sieht man die

Angelruten über dem Wasser stehen, schweigende Männer mit Schirmmützen und braungebrannten Gesichtern dahinter. Hier wird nicht viel geredet, Angeln ist ein stiller Sport und darum vielleicht auch so beliebt – besser kann man sich kaum erholen. Wenn dann abends der Fischeimer gut gefüllt ist, kehren die Angler zufrieden heim, um ihren Fang zu braten, zu räuchern oder für schlechtere Zeiten im Eisfach aufzubewahren. Auch wer nicht zu den begeisterten Anglern gehört, wird den Blick über den Fjord und die Schleuse zur Nordsee mögen. In Thorsminde gibt es viele Ferienhäuser mit Meerblick, der eigentlich ein Fjordblick ist. Um das Meer zu sehen, muss man über die Schleuse spähen. Frischen Fisch verkaufen zwei verschiedene Fischgeschäfte am Hafen.

Das ♥ Strandingsmuseum St. George erzählt von der Schönheit, aber auch den Gefahren der Seefahrt. Der ♥ Untergang der St. George vor 200 Jahren zur Weihnachtszeit kostete mehr als 1.300 Menschen das Leben. Obwohl es sich bei den englischen Passagieren um feindliche Soldaten handelte, kamen die Küstenbewohner den wenigen Überlebenden zu Hilfe. Auf dem ♥ Friedhof von Sdr. Nissum gibt es einen Gedenkstein für die Opfer. Noch Wochen nach der Katastrophe wurden Passagiere und Soldaten an der Küste zwischen Thorsminde und Vester Husby angeschwemmt. Sie fanden hier in Dänemark auf den kleinen Friedhöfen ihre letzte Ruhe. Im Inneren des Museums fühlt man sich zurückversetzt in die Fregatte St. George und wandert über drei Etagen durch das Schiff. Vom verglasten ♥ Aussichtsturm hat man einen herrlichen und dabei windgeschützten Blick über die brausende Nordsee.

Entlang der Küstenstraße zwischen der Nordsee und dem Nissum Fjord liegt ein langer Sandstrand hinter den Dünen, der in Erinnerung an die ertrunkenen Seeleute ♥ „Totenmanns Berge" genannt wird. Der Küstenstreifen ist unbebaut, es gibt an der Straße mehrere Parkbuchten mit ♥ Informationstafeln zu diesem Schiffsunglück. Die Nordseeküste von Westjütland wird auch ♥ Eisenküste genannt, denn Schiffsunglücke gehörten in früheren Jahren leider fast zur Tagesordnung.

Schiffsunglück

Geschichte

⚓ jernkysten.dk

Fjaltring,
Høfde Q

Von Thorsminde kann man durch die Dünen bis nach **Fjaltring** wandern. Die Høf-
de (Buhne) Q in Fjaltring ist eine top Destination für ♥ Surfer. Der Zugang zum
Strand ist barrierefrei, auf dem Parkplatz ist auch das Übernachten erlaubt. Ein
Duschhaus und ein Grillplatz stehen allen Gästen kostenlos zur Verfügung.

Wasser-
sport

Zum Baden ist die See meistens zu wild, aber für Surfer sind die Bedingungen
ideal und die Lage fernab von allen Häusern lässt viel Freiraum für abendliches
Beisammensein am Lagerfeuer!

FJAND **TIPPS**

Lage

 Naturerlebnisse

 Geschichte

 Wandern & Radfahren

 Angeln

QR-Code scannen und
weiterstöbern! Den
kompletten Artikel zum
Ort mit Strandfotos,
interessanten Ausflugszielen und
vielen Ferienhäusern gibt es hier.

Vejlby Klit – Urlaub am roten Leuchtturm

Vejlby Klit und die benachbarten Ferienhausgebiete liegen abgeschieden zwischen der Nordsee und dem Ausläufer des Limfjords. Wer nicht mitten im Westküsten-Trubel wohnen will, ist hier genau richtig. Hinter den flachen Dünen lädt der breite Sandstrand zum Baden ein und der Weg vom Haus zum Meer ist nie sehr weit. Der Ferringsee und der rote Leuchtturm Bovbjerg Fyr sind beliebte Ausflugsziele.

Ferienhäuser und viel Natur am Nordseestrand

Wer ein schönes und preisgünstiges Ferienhaus an der Nordsee sucht und nur Meer und Weite braucht, dem sei **Vejlby Klit** empfohlen. Der tolle, breite Nordsee-strand lockt besonders ♥ Familien in den Norden, denn die gut ausgestatteten und recht günstigen Ferienhäuser in Vejlby Klit, **Vrist** und **Ferring** stehen maximal 1.000 Meter vom Meer entfernt. So kann man auch mit Kindern den Weg zum Strand gut zu Fuß bewältigen. Die Dünen sind nicht hoch und für Autofahrer gibt es verschiedene Parkplätze nah am Meer. Ruhe, grüne Wiesen, Felder, das viele Wasser und der Strand sind die Hauptattraktionen des Ortes, viel mehr wird hier nicht geboten. Im Sommerhalbjahr öffnet ein Restaurant, auch die Supermärkte in Vejlby Klit und Vrist haben von März bis Oktober geöffnet.

Naturerlebnisse

Von einigen Ferienhäusern schaut man auf die blaue Wasserfläche des ♥ Ferringsees, einem großen Binnensee mit vielen Wasservögeln. Im See zu baden ist den Vögeln vorbehalten, aber es gibt verschiedene Spazierwege rund um das Ufer. Kühe und Pferde stehen auf den benachbarten Wiesen, eine richtige Ortschaft oder gar Gewerbesiedlungen gibt es nicht. Der Strand vor den Ferienhäusern in Vrist ist etwas steiniger, je nach Wind und der Meeresströmung liegen Kiesfelder am Ufer. Die Grundstücke sind nicht sehr groß, Zäune oder Hecken findet man selten. Dafür lernt man schnell die Nachbarn kennen. Sollte es mal kalt oder regnerisch sein, sind die

Familienurlaub

♥ Schwimmhalle in **Lemvig** und das überdachte ♥ Sportcenter mit Skaterbahn und Ballspielplätzen in **Harboøre** nicht weit entfernt. Ein kleiner Schienenbus, der hinter den Siedlungen zwischen der Hafenstadt **Thyborøn** und Lemvig verkehrt, hält in Vrist und in Vejlby Klit, so dass man für einen Ausflug kein Auto benötigt.

Bovbjerg Fyr

Bovbjerg Fyr und die Steilküste

Der Leuchtturm ♥ Bovbjerg Fyr ist vom Strand in Vejlby Klit und besonders von Ferring Strand aus immer zu sehen, auch bei trübem Wetter. Dieser leuchtend rote Turm und seine Nebengebäude stehen am Rand einer 35 Meter hohen ♥ Steilküste, die auf vier Kilometern Länge zwischen **Bovbjerg** und **Fjaltring** schroff gen Nordsee hin abfällt. Bei gutem Wetter kreuzen bunte Paraglider vor der Küste. Eine Treppe macht den Abstieg zum Meer bequem, aber es gibt auch ein dickes Tau, an dem sich sportliche Gefährten abseilen können. Der Strand unten ist den Aufwand nicht wert, es ist eher die beeindruckende Steilküste, die in der Gegend einmalig ist. Ein ♥ Küstenwanderweg führt von Vejlby Klit bis zur weißen ♥ Trans Kirche oberhalb der Küste entlang, der Radweg von Vejlby Klit bis zum Bovbjerg Fyr ist wetterfest asphaltiert. Im ♥ Leuchtturmcafé gibt es leckeren Kuchen und ein paar Mitbringsel. Auch im Winter finden im Café Bastelnachmittage oder Kunstausstellungen statt. Unter dem Turm reift der köstliche ♥ Leuchtturmkäse der Thise Mejeri.

Das Dorf Bovbjerg mit seiner imposanten Küste hat schon immer Künstler in diese Land-schaft gelockt. Zwei Galerien bieten im Som-mer Kunsthandwerk an und im kleinen ♥ Jens Søndergaard Museum ist eine Dauerausstellung des Malers zu bewundern.

Natur-
erlebnisse

Familienurlaub

⚓ thise.dk

VEJLBY KLIT

Angelfreuden und Aktivurlaub

Angeln

✦ dänemark.shop

Alleine mit der Angel in der Natur, nur Meeresrauschen, Wind und die Möwen unterbrechen die Stille: Angler sind zwischen dem **Nissum Fjord** und Harboøre am **Nissum Bredning**, der bereits zum Limfjord gehört, auf jeden Fall richtig. Zum ❤ Brandungsangeln eignet sich die Landzunge **Harboøre Tange** nördlich von Vejlby Klit besonders gut, aber auch die Mole der Hafenstadt **Thorsminde** ist sehr beliebt. Eigentlich darf man überall, wo kein Badestrand ist, sein Glück versuchen. Man muss nur einen ❤ Angelschein im Internet oder in einem Angelgeschäft kaufen.

Kräftemessen
im Wald:

✦ vestjysk-
friluftcenter.dk

✦ bike-point.dk

Zwischen Lemvig und Holstebro erstreckt sich das Waldgebiet **Klosterheden**. Das ❤ Vestjysk Friluftcenter ist ein Outdoorspielplatz für Erwachsene am Rand des weitläufigen Gebietes. Das Angebot lässt Männerherzen höher schlagen – eine Paintball-Anlage, Kletterwände, eine rasante Seilbahn, Bogenschießen oder Beilwerfen sind nur einige der Attraktionen. Am meisten Spaß bringt es, wenn man sich mit einer ganzen Gruppe als Team anmeldet. Für Verpflegung wird gesorgt. Die Grillplätze können komplett mit Fleisch und Beilagen gemietet werden, den kleinen Hunger stillen Tapasplatten oder belegte Brötchen. Auch ❤ Mountainbiketouren durch die Plantage sind beschildert, passende Räder vermietet ❤ Bike Point Klosterheden. Wanderreiten zu Pferd bietet das Mølaard Ridecenter an.

Wem das alles zu anstrengend klingt, der kann in der ♥ Klosterhede Plantage auch nur die Natur erkunden. Klosterhede ist eines der größten, zusammenhängenden Wald- und Heidegebiete Jütlands mit einem vielfältigen Wildbestand. Mit etwas Glück sichtet man in der Dämmerung die vor einigen Jahren ausgewilderten Biber. Für Hundespaziergänge gibt es einen eingezäunten ♥ Hundewald am Møllesøen.

Wandern & Radfahren

Mein Tipp

In Bøvlingsbjerg, einem kleinen Dorf zwischen dem Nissum Fjord und der Stadt Lemvig, gibt es eine **Hornwarenfabrik**, die seit etwa 200 Jahren Horn zu Besteck, Schalen und Dekoartikeln verarbeitet. Ein Hornlöffel war früher das einzige Besteck, das ein armer Bauer zur Verfügung hatte. Heute sind die polierten Schmuckstücke ein besonderer Schatz.

Vejlby Klit ist sehr beliebt, weil die Ferienhäuser durch die etwas abgeschiedene Lage das ganze Jahr über recht günstig sind. Man findet hier vor allem Wind, Weite, viel Strand und Ruhe. Die schöne Stadt Lemvig, die sanft hügelige, von Wasser umgebene Landschaft und die wilde Küste haben schon viele Herzen gebrochen! Aufgrund der geologischen Besonderheiten haben sich die Kommunen der Region um den Status eines ♥ UNESCO-Geoparks beworben. Erlebnisse und detaillierte Karten findet man auf der Webseite.

⚡ geopark-vestjylland.dk

VEJLBY KLIT

VEJLBY KLIT **TIPPS**

 Kunst und Handwerk

 Familienurlaub

 Angeln

 Naturerlebnisse

 QR-Code scannen und weiterstöbern! Den kompletten Artikel zum Ort mit Strandfotos, interessanten Ausflugszielen und vielen Ferienhäusern gibt es hier.

Lage

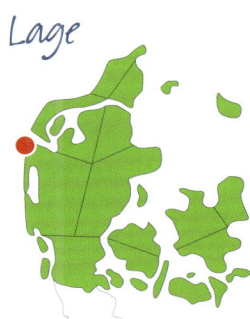

Gjellerodde

Gjellerodde – Fjordblick am Gjeller Sø

An einer geschützten Bucht im Nissum Bredning, der südwestlichsten Bucht im Limfjord, liegt Gjellerodde. Durch die Nähe zur Hafenstadt Lemvig und zur Nordsee bei Vejlby Klit ist es ein perfektes Gebiet für ein Ferienhaus am Wasser. Rund um Gjellerodde findet man ein vielseitiges Angebot für Wassersport und Erlebnisse in der Natur.

Urlaub zwischen Nordsee und dem Limfjord

Die dänische Nordseeküste ist schön, aber auch schön windig. Wem die Luft an der Nordsee zu rau ist, der sollte an die größte Förde Dänemarks ausweichen. Mit schmalen, manchmal auch etwas steinigen Sandstränden, grünen Schafweiden und imposanten Steilküsten ist die abwechslungsreiche, breite Uferlinie des Naturerlebnisse ♥ Limfjords die ideale Kulisse für einen erholsamen Urlaub im Ferienhaus.

In der südlichsten Bucht des Limfjord, dem Nissum Bredning, liegt die Ferienhaussiedlung **Gjellerodde**. Das Restaurant ♥ Odden Cafeteria und ein kleiner
Kaufmann unten am Fjord haben in der Sommersaison geöffnet. Ein abenteuerlicher Spielplatz am Hang verbindet die oben stehenden Ferienhäuser mit dem
Strand. Das Wasser des Fjords ist zwar nicht klar, aber von einwandfreier Quali-
tät, was die Flagge über dem Strand kundtut. Badestege erleichtern den Einstieg
zum Schwimmen im tieferen Wasser.

Rund um die Strandbucht führt eine schmale Straße. Zur Landspitze Odden hin,
die fast unbebaut ist, überquert man eine kleine Gitterbrücke, damit die dort wei-
denden Schafe nicht ausbüchsen können. Auch die Halbinsel darf man mit dem
Auto befahren, was Angler gern nutzen, aber die Kieswege sind sehr weich und
im Winter stehen viele Wege unter Wasser. Mit festem Schuhwerk ist man besser
unterwegs und kann bis zur Nordküste laufen. Dort liegt ein weiterer, steiniger
Strand. Der ♥ Gjeller See auf der Landzunge ist kein Badesee, denn er steht unter   Wandern und
Naturschutz. An seinem Ufer kann man wunderbar wandern, die Ruhe genießen   Radfahren
und die vielen Wasservögel beobachten. In den Ferien und an Feiertagen kann
man im ♥ Gjellergaard einkehren. Die gemütliche Kaffeestube in einem restaurierten Fischerhaus auf der Landzunge wird von einem Heimatverein betrieben,
der auch Handarbeiten und lokale Spezialitäten verkauft.

Die Hafenstadt Lemvig

Das Städtchen **Lemvig** mit seinen schönen Geschäften, Straßencafés und
dem gemütlichen ♥ Fischereihafen liegt gleich hinter dem nächsten Hügel.   Boote und
Die Eiszeit hat die Landschaft am Limfjord in eine   Häfen
Berg- und Talbahn verwandelt. Für Radfahrer
eine sportliche Herausforderung und
für Freunde der schönen Aussicht ein
Paradies! Am Lemvig Hafen gibt
es einen großen Spielplatz mit
Skaterbahnen, Basketballkörben
und einer Sandkiste.

Die ♥ Rokokokirche mit
ihrem Zwiebelturm wurde im
13. Jahrhundert gebaut, als
Kontrast dazu befindet sich das
♥ Museum für religiöse Kunst in   Geschichte
einem sehr modernen Gebäude.
Das ♥ Lemvig Museum erzählt viele
Geschichten über die Bewohner der
Gegend, über die Seefahrt und auch die

*Odden
Cafeteria*

Künstler der Region. Ein 12 km langer ♥ Planetenpfad, ein Modell unseres Sonnensystems, beginnt am Museum. Er führt am Ufer des Nissum Bredings entlang bis zum Gjeller See.

Am zweiten Jachthafen, der Lemvig Marine, werden Ferienwohnungen vermietet. Davor liegt ein Sandstrand mit Spielplatz und Beachvolleyballplatz. Auch bei Windsurfern ist der Strand beliebt. Wer die Natur auf zwei Rädern erkunden möchte, kann in der ♥ Touristeninformation Fahrräder und Mountainbikes ausleihen.

Auch für Fans des Trendsports ♥ Stand Up Paddling sind der Strand und die seichten Fjordwellen ideal. Die Ausrüstung kann man direkt bis zum Wasser fahren.

Wasser-
sport

Lemvig liegt nicht nur in einem grünen Tal, sondern ist auch auf zwei Seiten von Wasser umgeben. Im Norden liegt der Limfjord mit dem Hafen, nach Süden erstreckt sich der lauschige ♥ Lemvig Sø. Wenn man in die Stadt fährt, führt eine kurvige Straße vom eiszeitlichen Hügel direkt auf eine blaue Wasserfläche zu – ein herrlicher Anblick!

Der Lemvig Sø bildet den Auftakt zu einem grünen Tal, das erwandert werden darf. Es gibt keinen befestigten Weg, wasser- und trittfeste Schuhe sind daher unerlässlich. Informationen zu der Wanderung bekommt man in der Touristeninformation oder auch direkt auf der Infotafel am See. Als ♥ Angelgewässer hat der See übrigens ebenfalls einen guten Ruf. Angelkarten verkaufen die Touristeninformation und alle Angelgeschäfte am Ort.

GJELLERODDE

GJELLERODDE TIPPS

 Naturerlebnisse

 Wandern & Radfahren

 Boote und Häfen

 Geschichte

QR-Code scannen und weiterstöbern! Den kompletten Artikel zum Ort mit Strandfotos, interessanten Ausflugszielen und vielen Ferienhäusern gibt es hier.

Lage

Nordjütland – Land zwischen den Meeren

Nordjütland wird auch das Land des Lichts genannt. Hier oben im Norden wird Dänemark immer schmaler und ist auf zwei Seiten von Meer umgeben. Das Meer reflektiert das Licht, was den Himmel noch weiter erscheinen lässt. Aber nicht nur das Wasser, sondern auch der weiche, ständig treibende Sand prägt seit Jahrhunderten die Landschaft.

Die Jammerbucht – vom Seemannsleid zum Urlaubstraum

Die ❤ Jammerbucht ist eines der Lieblingsziele deutscher Dänemarkfreunde. Der Name der Bucht verrät, dass die Bewohner dieses wunderschönen Küstenabschnitts zwischen **Slettestrand** und **Hirtshals** in früheren Jahren ein eher leidgeprägtes Leben führten. Die Strömungen und die heimtückischen Sandbänke der Nordsee kosteten damals vielen Seeleuten das Leben. Noch heute werden die ❤ Fischerboote abends „angelandet" und mit Seilwinden auf den Landingsplads am Strand gezogen, da das Meer für einen Hafen zu flach ist. Die bunten Boote auf dem Sand und die vielen hundert weißen Badehütten sind typisch für diese Urlaubsregion. Der einzige, ausgebaute Hafen ist Hirtshals an der Nordspitze der Jammerbucht, wo die großen Fähren nach Norwegen und Island starten.

Boote und Häfen

Mein Tipp

Die Jammerbucht ist bekannt für ihre traumhaften **Sonnenuntergänge** über dem Meer. Wenn man zeitig kommt, ist auf den Bänken oberhalb der Küste noch ein Plätzchen für das abendliche Schauspiel frei. Die letzten Sonnenstrahlen versinken mit einem mächtigen Farbenrausch in der Nordsee.

Das Besondere an der Jammerbucht ist die unendliche Weite des Strandes. Oft mehrere hundert Meter breiter und kilometerlanger, weicher, weißer Sand kennzeichnet die Bucht. Der Sand ist so fein und glatt, dass lange Strecken mit dem Auto befahren werden dürfen, diese Abschnitte sind ausgeschildert.

Lønstrup

Auch wenn die ehemaligen Fischerdörfer heute vom Tourismus geprägt sind, ging das traditionelle Ambiente nicht verloren. Fischer fahren an schönen Tagen immer noch hinaus und bieten nachmittags am Strand ihren Fang zum Kauf an. Leuchtend gelbe und weiße Häuser säumen die Straßen und die vielen Restaurants und Kunsthandwerker laden im Sommer zum Verweilen ein.

Im Zentrum der drei großen Badeorte sind die Strände bei Sonnenschein gut gefüllt. **Blokhus** und **Løkken** sind bekannt für ihre unzähligen, ♥ weißen Badehütten auf dem flachen Sand. Das Strandgepäck kann man im Auto bis vor zur Wasserkante fahren. Das kleinere **Lønstrup** mit seiner Steilküste ist das ♥ Zentrum der Kunsthandwerker. In diesem malerischen Ort findet man viele Glasbläsereien, Keramikausstellungen und Galerien.

Geschichte

Kunst und Handwerk

Die Steilküste beginnt bereits nördlich von Løkken. Wind und Wellen nagen am weichen Sand und lassen die Küste jedes Jahr einige Meter weiter ins Land wandern. Unterhalb der Steilküste fährt nur mal der Strandvogt mit seinem Trecker direkt am Meer entlang. Urlauber müssen ihr Auto auf den Parkplätzen in Lønstrup abstellen.

Einsam und rau: die südliche Jammerbucht

Der herrliche, samtweiche und befahrbare Strand der Jammerbucht beginnt in Rødhus, kurz vor dem Urlauberzentrum Blokhus. Aber auch südlich davon ist die Region sehenswert, denn hier gibt es längst nicht so viel Tourismus, dafür viel mehr ♥ unbebaute Dünenlandschaft, ein riesiges Waldgebiet und Ferienhäuser für Naturliebhaber.

NORDJÜTLAND

Vogelfelsen
Bulbjerg

In ♥ Slettestrand gibt es die meisten Ferienhäuser nah am Meer. Der Strand ist grobkörnig und von vielen Kieseln übersäht, nicht schön zum Liegen, aber herrlich für einsame Spaziergänge mit und ohne Hund. An mehreren Orten zwischen Slettestrand und Dänemarks einzigem Vogelfelsen, dem ♥ Bulbjerg, werden noch heute die Fischerboote nach alter Tradition auf den Strand gezogen. Die Ferienhäuser in Slettestrand und Grønnestrand sind schon etwas älter, wer ♥ Retrohäuser liebt, ist hier gut aufgehoben. Etwas moderner sind die Ferienhäuser in **Tranum** und **Kollerup**, die in einem Waldgebiet im Hinterland stehen. Der Ejstrup Strand vor Tranum ist ebenfalls für Autos freigegeben.

Mehr dazu in Band II

Ursprüngliche und ganz ungewöhnliche Naturerlebnisse bieten die Naturpfade der ♥ Svinkløv Klitplantage oder die Täler ♥ Fosdalen und Langdalen in der Region Slettestrand. Die Täler durchtrennen den Höhenzug **Lien**: Diese grünen Steilhänge mit ihren Viehweiden und Höfen obenauf wirken fast ein wenig fremd im Vergleich zu den üblichen Heidedünen.

Naturerlebnisse

Früher schlugen dort die Nordseewellen an eine Steilküste. Im Laufe der Jahre ist das Meer immer weiter nach Norden gewandert und hat eine einmalige, üppig bewachsene Dünenlandschaft hinterlassen. Der staunende Betrachter fühlt sich eher an Mittelgebirge erinnert als an eine Klitplantage (Dünenpflanzung). ♥ Wanderkarten für diese schöne Landschaft gibt es an den Parkplätzen in den silbernen Boxen, im Internet oder in den Touristeninformationen.

⚓ natursty-relsen.dk

NORDJÜTLAND

NORDJÜTLAND **TIPPS**

 Geschichte

 Kunst und Handwerk

 Naturerlebnisse

 Boote und Häfen

QR-Code scannen und weiterstöbern! Den kompletten Artikel zum Ort mit Strandfotos, interessanten Ausflugszielen und vielen Ferienhäusern gibt es hier.

Lage

Løkken

*Blokhus
Badehäuser*

Blokhus – das Zentrum der Jammerbucht

Blokhus ist der bekannteste Badeort an der Jammerbucht und auch einer der ältesten. Ein schier unendlicher Strand, die lauschigen Dünen und das ganz besondere Licht machen Blokhus zum Sehnsuchtsort vieler Urlauber. Ob als Familie mit Kindern oder Hunden, als junges Pärchen oder mit den besten Freunden zu Silvester – hier fühlen sich alle wohl!

Vom Fischerdorf zum Ferienhausparadies

Ein Ortsname mit Geschichte: In Blockhäusern (Blokhuse) hinter den Dünen wurden vor gut 200 Jahren die Waren gelagert, die Schiffe aus aller Welt hier anlieferten. Zum Ende des 19. Jahrhunderts kamen die ersten Touristen, um im Badehotel die Seeluft zu genießen. Später folgten Ferienhäuser, die zu jeder Jahreszeit gut gebucht sind. Touristische Bauten haben mittlerweile die

Oberhand gewonnen, trotzdem ist **Blokhus** ein charmantes, kleines Dörfchen geblieben. Vor allem bei den jüngeren Besuchern ist der Ort wegen seines ausgedehnten Nachtlebens beliebt. Viele Bars, Restaurants und gute Einkaufsmöglichkeiten gibt es hier. Richtig gemütlich speisen und vor allem sehr schön sitzen kann man im ♥ Restaurant Futten. Das Restaurant mit kleinem Biergarten gehört zu einem Hofensemble aus dem 18. Jahrhundert. Auch der etwas vornehmere ♥ Strandingskro ist Teil des Hofes.

Gemütlicher Biergarten und gute Küche

Direkt im Zentrum sorgt das ♥ Badeland im Feriecenter für gute Laune. Das Erlebnisbad mit einem Wellnessbereich bietet sich vor allem an stürmischen Herbsttagen an.

Hune ist ein kleines Dorf östlich von Blokhus, wo man schöne Geschäfte und die meisten Attraktionen von Blokhus findet. Bei schönem Wetter herrscht im Aquapark des ♥ Fårup Sommerlands nördlich von Hune immer Hochbetrieb. Neben Riesenrutschen und vielen Wasserbecken gibt es auch einen Freizeitpark mit Fahrgeschäften für jedes Alter.

Familienurlaub

Ursprünglich bestand Hune vor allem aus einer entzückenden Kirche, deren Geschichte bis ins Mittelalter zurückreicht. Ein Runenstein aus dem 11. Jahrhundert und zwei Skulpturen aus dem 14. Jahrhundert sind Schätze, welche die wechselvolle Geschichte der Kirche bis heute überlebten. Vor dem Kirchhof liegt ein kleiner See, der unter Naturschutz steht.

Wunderbare Naturerlebnisse verspricht ♥ Anne Just's Garten im Zentrum von Hune. Die Malerin Anne Just hat ein Paradies geschaffen, das im Sommer zu den meistbesuchten Gärten in Dänemark zählt! Ebenfalls kunstvoll ist der ♥ Skulpturenpark, in dem alljährlich auch ein Sandskulpturenfestival und ein ♥ Weihnachtsmarkt stattfinden. Im ♥ Museum für Papierkunst werden fantastische Papierschnitte ausgestellt. Wem das nicht reicht, der kann bei ♥ Blokhus Lys in der riesigen Auswahl an Kerzen und Dekoartikeln schwelgen und selber Kerzen ziehen oder in der Røgeri leckeren Fisch bestellen.

⚡ annejust.dk

⚡ skulpturparken.dk

Nördlich von Blokhus und Hune liegt **Saltum**. Für viele Gäste ist ♥ Saltum Strand der schönste Strand

BLOKHUS

an der Jammerbucht. Einhundert Meter breit und ohne Bunker, Badehütten oder Boote erstreckt sich der weiße Sand zwischen Dünen und Meer. Nur vereinzelt gibt es kleine, bewachsene Sandhügel auf dem Strand, die sich als Windschutz anbieten. Man kann von hier bis nach Grønhøj oder nach Løkken auf dem Strand fahren, sowohl mit dem Auto als auch mit dem Rad oder per Strandbuggy. Ein kleiner Kiosk und die Toiletten direkt an der Strandzufahrt sind nur im Sommer geöffnet. Von den gemütlichen, in den flachen Dünen stehenden Ferienhäusern führen Fußwege zum Strand.

Das Dorf Saltum liegt weiter im Land an der relativ viel befahrenen Straße zwischen Aalborg und Løkken. Dadurch ist es gerade in der Hauptsaison kein idealer Ort zum Bummeln, obwohl es ein paar interessante Geschäfte gibt, zum Beispiel das größte Handarbeitsgeschäft Nordjütlands, in dem alljährlich im Mai ein ♥ Wollfestival gefeiert wird. Interessant sind auch die Kunst- und Dekogeschäfte mit den typisch dänischen Wohnaccessoires und das ♥ KA-FE Feddet, in dem es hausgebackenen Kuchen und Kunsthandwerk gibt. Ganz unkommerziell ist auch das kleine ♥ Heimatmuseum, das über mehrere Gebäude verteilt vom früheren Leben auf dem Land erzählt. Bei ♥ Blokhus Salt in Pandrup kann man Salz sieden, im Café einkehren oder die Oldtimergarage und eine Puppensammlung besuchen.

*egnssamlin-
gen.dk*
Geschichte

Autostrand und Wanderwege

In **Rødhus** beginnt die als Straße ausgeschilderte Fahrstrecke auf dem Sand. Bis nach Blokhus sind es sechs und bis nach Grønhøj 15 Kilometer. Im Schritttempo fährt man am Strand entlang, um sich den besten, ruhigen Platz am Meer zu suchen. Auch wenn es zunächst befremdlich erscheint – eine Autofahrt am kilometerlangen Strand ist schon ein tolles Erlebnis. Man sollte aber nicht zu nah an den Dünen im trockenen Sand fahren, näher am Meer ist der Sand fester.

Naturerlebnisse

Die naturgeschützten Flächen im Hinterland sind mit einem Pfadsystem verbunden, das zu Wander- und Fahrradtouren in die abwechslungsreiche Natur einlädt. Besonders spannend ist die ♥ Gateway Plantage, ein Teil der **Blokhus Klitplantage**. Es ist ein großer Spiel- und Erlebnisplatz für Familien, der am Ålborgvej zwischen Blokhus und Hune liegt. Die Zufahrt ist ausgeschildert. In der Plantage wächst üppiger Mischwald mit relativ hohen Laubbäumen. Auf einer großen Lichtung gibt es viele

Familienurlaub

♥ Spielmöglichkeiten für Klein und Groß, eine ausgeschilderte ♥ Mountainbike-Strecke, einen Trimmpfad und natürlich jede Menge Picknickbänke.

Blokhus
Pirrupshvarre
Strand

Ein Backofen für hausgemachtes Brot, Pizza oder was man sonst im Wald backen möchte, steht allen Besuchern zur freien Verfügung, sogar für Holz ist gesorgt. Toiletten findet man am Spielplatz und am Parkplatz. Gegenüber vom Skulpturenpark liegt der Eingang zum offenen ♥ Hundewald, in dem gehorsame Hunde das ganze Jahr über frei laufen dürfen. Reizvoll ist auch die Landschaft in Pirupshvarre zwischen Blokhus und Saltum Strand. Die flache Wiesenlandschaft zwischen den Ferienhäusern grenzt an die Inlandsdüne ♥ Lien, die den Küstenverlauf vor der letzten Eiszeit markiert.

Urlaub mit Hund

BLOKHUS

BLOKHUS **TIPPS**

 Naturerlebnisse

 Wandern & Radfahren

 Geschichte

 Urlaub mit Hund

QR-Code scannen und weiterstöbern! Den kompletten Artikel zum Ort mit Strandfotos, interessanten Ausflugszielen und vielen Ferienhäusern gibt es hier.

Lage

Løkken – Fischerboote im Abendrot

Im Zentrum der Jammerbucht liegt Løkken. Mit einem breiten Sandstrand und einer Mole mit berauschendem Blick über die Küste begeistert Løkken die Gäste seit vielen Jahren. Die weißen Badehäuser auf dem Strand und das Klackern der Bonbonfabrik gehören zu einem Urlaub in Løkken einfach dazu.

Ferienhausurlaub im historischen Badeort Løkken

Früher war **Løkken** geprägt von der Nordsee-Fischerei und dem Seehandel, doch Ende des 19. Jahrhunderts entdeckten Badegäste den schönen Strand für sich. Nach und nach entwickelte sich der Ort zu einem touristischen Zentrum von Nordjütland. In die alten Fischerhäuser zogen Restaurants, Boutiquen und Badehotels und die Strandzufahrten wurden asphaltiert. Rund um den Marktplatz und an der Strandzufahrt Sdr. Strandvej geht es im Sommer recht trubelig zu.

Den Charme der frühen Jahre hat Løkken aber nie ganz verloren. Die gelb-weißen Häuser im Zentrum sind gut gepflegt, keine Bausünde sticht ins Auge. Das gastronomische Angebot ist umfangreich und in den kleinen Nebenstraßen auch hochwertig. Supermärkte und auch der Durchgangsverkehr wurden an den Ortsrand verbannt, so dass man gemütlich durch die Gassen schlendern kann.

Lokale Spezialitäten

Am Marktplatz macht die Bonbonfabrik ♥ Bolcheriet mit ihrem lauten Klackern auf sich aufmerksam. Die kunstvoll geformten, bunten Bonbons sind nicht nur extrem lecker, sondern auch ein prima Mitbringsel. Einige Meter weiter gibt es eine sehr gut sortierte Bäckerei, einen Schlachter und leckeres Eis.

Gut zu wissen

An der Jammerbucht ist die Nordsee so flach, dass es keine Hafenbecken gibt. Die Fischerboote werden daher traditionell auf den Sand gezogen. Ein **Landingsplads** ist ein malerisches und für Stammgäste liebgewonnenes Urlaubsmotiv, nicht nur in Løkken.

Løkken
Strand

Der feine Strand von Løkken ist mit einer Flagge für sauberes Wasser gekennzeichnet. Es gibt zwei Strandzufahrten direkt im Zentrum und eine weitere zwischen den Ferienhäusern im Süden am Ny Strandvej. Der mittlere Abschnitt ist kinderfreundlich gestaltet mit einigen Spielgeräten und einer ♥ geschützten Badestelle an der Mole. Sehr malerisch sind die bunten Fischerboote, die hier traditionell auf dem Sand stehen. Von Mai bis September säumen bis zu 485 weiße Badehäuser über mehrere Kilometer den wunderbaren Sandstrand. Es sind Familienerbstücke, die über Generationen weitergegeben werden und dem Ort sein typisches Gesicht verleihen. Für Wassersportler ist das Strandcafé ♥ North Shore Surf am Sdr. Strandvej die beste Adresse in Løkken. Hier werden ganzjährig Surf- und SUP-Board-Kurse für jedes Alter angeboten, in der urigen Bar gibt es Kuchen und Eis. Etwas gehobener geht es im benachbarten Restaurant ♥ Huset HAVS zu.

Das Entertainmentcenter ♥ Action House liegt am nördlichen Ortsausgang. Es ist einer der größten Indoorspielplätze mit einer Gokartbahn, Bowling, Spielautomaten, Bälleparadies und passender Gastronomie. Auch das Schwimmbad und ein Fitnesscenter im ♥ Løkken Idrætscenter & Hostel stehen den Ferienhausgästen zur Verfügung.

Das ♥ Løkken Museum im Johanne Grønbechs Hus erzählt von der Zeit, als die Touristen Løkken noch nicht entdeckt hatten: Das Johanne Grønbrechs Hus ist ein Kapitänshaus aus dem Jahre 1859. Die Ausstellung dokumentiert die Stadtgeschichte und den Seehandel mit Südnorwegen im 17. und 18. Jahrhundert.

Familienurlaub

↗ northshoresurf.dk

LØKKEN

↗ actionhouse.dk

↗ loekkenhallen.dk

Nørre Lyngby Strand

Das alte Rettungshaus an der nördlichen Strandzufahrt ist heute nicht mehr im Einsatz, eine Schautafel berichtet von der Arbeit in früheren Jahrhunderten.

Die Ferienhausgebiete Furreby, Grønhøj und Nørre Lyngby

Im Süden grenzt der breite, flache Strand von **Grønhøj** an Løkken. Bis zu einhundert Meter breit und ohne eine Badehütte oder ein Boot zieht sich die sandige Pracht bis nach Saltum. Dazwischen liegt die imposante Dünenlandschaft **Kettrup Bjerge**. Im Sommer öffnen der Supermarkt im Feriencenter Grønhøj und der Imbiss an der Strandzufahrt. Käseliebhaber sollten die ♥ Mejeri Ingstrup in Ingstrup besuchen. Im Werksverkauf der kleinsten Molkerei Dänemarks bekommt man allerlei Käsespezialitäten, Feinkost und im Sommer Gemüse.

Lokale
Spezialitäten

Nördlich von Løkken hebt sich das Land am Meer zur Steilküste an. Unten im Sand erinnern versinkende Bunker an den Atlantikwall. Die Ferienhäuser in **Furreby** stehen oberhalb der Steilküste, wesentlich ruhiger als in Løkken, aber auch etwas windiger. Von der Steilküste gibt es eine Treppe zum Strand und einen schönen Pfad oberhalb der Abbruchkante. Er ist Teil des ♥ North Sea Trails, einem europäischen Wanderweg, der um die Nordspitze von Dänemark herum führt. Vorsicht bei starkem Wind an der Kante: Eine kräftige Böe kann Kindern oder Kinderwagen gefährlich werden.

Noch weiter nördlich in Richtung Lønstrup liegt **Nørre Lyngby**, ebenfalls ein Ort mit Steilküste. Die sandigen Hänge sind permanent den Kräften von Wind und Meer ausgesetzt, es kommt immer wieder vor, dass bei Sturm die ein oder andere Treppe zum Strand dem Erdrutsch zum Opfer fällt. Einige Ferienhäuser in erster Reihe mussten bereits abgebaut oder verschoben werden, weil die Abbruchkante immer weiter ins Land wandert. Im kleinen Ortszentrum von Nørre Lyngby veranstaltet der Pub ♥ Fisherman's Rest im Juli ein Irish Folkfestival, aber auch zu anderen Terminen erklingt hier Livemusik. Ein besonderes Fleckchen ist der Sonnenuntergangsplatz. Die Bänke rund um die moderne Sonnenuhr laden zum romantischen Stündchen in der Abendsonne ein. Der ♥ Family Farm Fun Park ist ein kleiner Freizeitpark mit vielen Tieren und Fahrgeschäften für Kinder.

↗ fishermans-rest.dk

Im Hinterland steht das ♥ Kloster Børglum. Das Herrenhaus ist heute ein privates Museum mit Kunst, Kunsthandwerk, einem Café und einem hübschen Museumsshop. Die Ausstellung ist von April bis Oktober geöffnet. Ende Juni findet ein farbenprächtiger Mittelaltermarkt statt und im November lockt der Julemarked.

↗ boerglum-kloster.dk

Ein Turm zog um – Rubjerg Knude Fyr

Der Treibsand ist so weich, dass er ständig die Landschaft verändert und die Bewohner seit Jahren gegen die Versandung kämpfen. Wie schnell der Wind den Sand weitertreibt, sieht man sehr eindrucksvoll an der ♥ Wanderdüne Rubjerg Knude. Der einstige Leuchtturm ♥ Rubjerg Knude Fyr auf der Düne ist der letzte Überrest einer Siedlung, die vom Sand komplett zerstört wurde. Der Aufstieg auf den etwa 70 - 80 Meter hohen Sandberg ist beschwerlich, aber ein Muss für alle Gäste!

Naturerlebnisse

In den vergangenen Jahren hat das Meer der Steilküste so sehr zugesetzt, dass man den Leuchtturm in einer aufwendigen Maßnahme 2019 um etwa 70 Meter weiter ins Land verschoben hat. Nun ist sein Erhalt für einige Jahre gesichert und die Besucher können sich weiterhin an diesem Wahrzeichen der Region erfreuen.

LØKKEN

LØKKEN TIPPS

 Naturerlebnisse

 Kunst und Handwerk

 Lokale Spezialitäten

 Familienurlaub

 QR-Code scannen und weiterstöbern! Den kompletten Artikel zum Ort mit Strandfotos, interessanten Ausflugszielen und vielen Ferienhäusern gibt es hier.

Lage

Lønstrup Strand

Lønstrup – Steilküste in Bewegung

Dort, wo heute die Ferienhäuser von Lønstrup stehen, war vor 5.000 Jahren noch Meeresgrund. Bei jedem Sturm versucht das Meer, ein Stück vom Land an der Steilküste zurückzugewinnen. Seit 1981 ist die Küste mit dicken Granitbrocken aus Norwegen befestigt, trotzdem rutschen alljährlich viele Kubikmeter Sand ins Meer, manchmal auch mitsamt der Treppen und Mauern, die zu dicht am Ufer stehen.

Ferienhäuser an Lønstrups Küste

Lønstrup war einst ein kleines Fischerdorf an der Jammerbucht. Heute liegen nur noch wenige Boote auf dem flachen Strand. Seit Beginn des 20. Jahrhunderts haben Tourismus und Kunsthandwerk die Fischerei abgelöst. Die malerische Hauptstraße schlängelt sich vorbei an den gelb-weißen Häusern, die heute Boutiquen, viele Restaurants und einen Supermarkt beherbergen. Das besondere Licht

Kunst und Handwerk

lockte viele Künstler und ♥ Kunsthandwerker nach Lønstrup, einige betreiben eine kleine Galerie am Ort. Die Hauptstraße endet auf einem Parkplatz direkt am Meer, wo man auf den Restaurantterrassen das Meer rauschen hört. Ein altes Rettungshaus wacht über dem schmalen Badestrand, der unterhalb einer befestigten Uferpromenade liegt. Der Strandzugang ist hier barrierefrei möglich, aber es geht recht steil bergab.

Die Badebuchten sind von Felsblöcken umgeben, innerhalb dieser Schutzmauer ist das Meer auch für Kinder schön flach und feinsandig, die Wasserqualität wird regelmäßig kontrolliert. Diese Küste ist in ständigem Wandel, man kann nur hoffen, dass die letzten Befestigungsmaßnahmen den Lønstrup Strand vor weiterem Sandverlust schützen.

Wenn der Wind und die Wellen es zulassen, kann man nach Süden bis zur großen Düne ♥ Rubjerg Knude wandern. In Richtung Norden ist der Strand komplett von Buhnen bedeckt, aber ein ♥ Küstenwanderweg führt weiter nach Harrerenden und Skallerup Klit. Zu den Ferienhäusern oberhalb des Weges führen schmale Holztreppen.

Wandern & Radfahren

Skallerup Klit und **Nørlev** haben eine flache Steilküste mit einem feinen Sandstrand.

In beiden Orten stehen die Ferienhäuser zum Teil direkt am Meer, nicht sehr geschützt gegen Wind oder neugierige Blicke, aber mit einer fantastischen Aussicht auf die Nordsee. Nørlev Strand ist mit dem Auto befahrbar. Im Sommer öffnet ein Kiosk mit Brötchen an der Strandzufahrt. Oberhalb von Nørlev gibt es einen herrlichen ♥ Aussichtspunkt an der Straße, von dem man die Küste überblickt.

Meerblick

Skallerup Klit war nach dem Zweiten Weltkrieg ein Flüchtlingslager, die Blockhäuser wurden später zu Ferienhäusern umgebaut. Heute ist das Skallerup Seaside Resort ein beliebtes und komfortables Feriencenter. Am Midsommervej führt eine Rampe barrierefrei zum Meer. Der Supermarkt im Feriecenter hat ganzjährig geöffnet, er vermietet auch Fahrräder.

LØNSTRUP

Ausflugsziele und Badespaß

Die bröckelnde Steilküste und der feine Treibsand sind für die Bewohner der Region eine Sorge, die viel Arbeit und noch mehr Geld kostet. Gleichzeitig verdanken sie dem Sand aber auch einige ungewöhnliche und einmalige Ausflugsziele wie den Leuchtturm auf der Wanderdüne Rubjerg Knude.

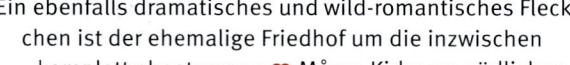
Ein ebenfalls dramatisches und wild-romantisches Fleckchen ist der ehemalige Friedhof um die inzwischen komplett abgetragene ♥ Mårup Kirke am südlichen Ortsrand von Lønstrup. Der Kirchhof liegt so nah an der Steilküste, dass die Kirche bereits 1926 aufgegeben wurde. Heute erinnern nur noch einige Grabsteine an den Kirchhof, die Inneneinrichtung der romanischen Kirche kam in verschiedenen Museen unter. In einem alten Bauernhof vor der Mårup Kirke verkaufen Handwerkskünstler der Region ihre Schätze in der ♥ Galleri Visby, die von der Keramikerin Dorte Visby unterhalten wird.

Kunst und Handwerk

Familienurlaub

Badespaß bieten nicht nur die flachen Strände der Region, sondern auch das tropische ♥ Badeland im Feriecenter in Skallerup. Mehrere Wasserbecken, die lange Rutsche und viel Grün sind ein Spaß für die ganze Familie. Der Eintritt ist besonders am Wochenende ziemlich hoch, aber dafür ist alles sehr sauber und gepflegt. Das ♥ Thermalbad Romulus im hinteren Teil des Gebäudes ist preislich auch eher etwas für römische Wohlstandsbürger. Zutritt haben Besucher ab 16 Jahren.

Die Ausstattung wirkt römisch-antik, die Atmosphäre ist sehr ruhig und erholsam. Neben verschiedenen, warmen und kalten Thermalbecken gibt es zwei Dampfsaunen und eine winzige, finnische Sauna. Wer sich auf eine üppige Saunalandschaft freut, wird hier ein wenig enttäuscht sein. Das ♥ Play Centre und der ♥ Reiterhof des Resorts versprechen strahlende Kinderaugen, ebenso der Spielplatz hinter dem Schwimmbad mit zahlreichen Spiel- und Sportmöglichkeiten.

Das Hinterland von Lønstrup ist sehr hügelig. Am Lønstrupvej steht eine weiße Holländer-Windmühle, die ♥ Vennebjerg Mølle. Noch höher geht es zur ♥ Vennebjerg Kirke hinauf, zusammen mit dem 60 Meter hohen Grabhügel Klangshøj markiert sie den höchsten Punkt der Region. An der Mühle lädt das ♥ Café Møllehuset im Sommer zu Kaffee und Kuchen ein, auch farbenfrohes Keramikgeschirr kann man hier kaufen.

⚡ mollehuset. com

Vor der Mühle steht im Sommer ein berühmter Stand an der Straße: ♥ Den Grønne Vogn. Er hat die größte Auswahl an Obst und Gemüse in der Region, versprochen!

Naturerlebnisse

Die ♥ Skallerup Indlandsklitter sind eine recht ungewöhnliche Dünenlandschaft im Hinterland von Skallerup. Die kegelförmigen Dünentäler entstanden im 15.-17. Jahrhundert durch Sandflug, heute ist es ein malerisches Naturschutzgebiet. Obwohl hier Ponys und Pferde weiden, darf man die Indlandsklitter auf ausgewiesenen Pfaden betreten.

Skallerup Inlands-klitter

Einkaufsbummel und Kunstgenuss in Hjørring

Das Zentrum der Region ist die Stadt **Hjørring**. Anfang der 90er Jahre feierte Hjørring sein 750-jähriges Bestehen. Zu diesem Anlass wurde die historische Altstadt mit der hübschen ♥ Sankt Catharinæ Kirke und der langen Einkaufsmeile aufwändig saniert. In der Altstadt führen Kopfsteinpflastergassen an kleinen, bunten Bürgerhäusern vorbei zum alten Rathaus und zum ♥ Historischen Museum mit seinem gemütlichen Café.

Hjørring hat auch ein ♥ Kunstmuseum mit allerlei Skulpturen und Wasserspielen auf dem Vorplatz. Im privaten ♥ Handwerksmuseum (Håndværkernes Hus) darf man den ehrenamtlichen Handwerkern bei ihrer Arbeit über die Schulter schauen. Bei Regen lädt das ♥ Einkaufscenter Metropol zum überdachten Shoppen ein.

Geschichte

⚡ vhm.dk

Kunst und Handwerk

LØNSTRUP

LØNSTRUP TIPPS

 Naturerlebnisse

 Kunst und Handwerk

 Wandern & Radfahren

 Geschichte

 QR-Code scannen und weiterstöbern! Den kompletten Artikel zum Ort mit Strandfotos, interessanten Ausflugszielen und vielen Ferienhäusern gibt es hier.

Lage

Tornby Ferienhäuser

Tornby – Urlaub ganz im Norden

Der lange Sandstrand von Tornby reicht bis nach Hirtshals, der Hafenstadt zwischen den beiden großen Buchten Jammerbucht und Tannisbucht. Gemütliche Ausflugsziele und ein Autostrand machen den Ort sehr kinderfreundlich. Das große Nordseeaquarium in Hirtshals ist unbedingt einen Besuch wert.

Familienfreundliche Ferienhäuser

Die Feriensiedlung **Tornby** liegt vor der Hafenstadt **Hirtshals** am Ende der Jammerbucht. Die Ferienhäuser stehen auf einem Dünengürtel zwischen der **Tornby Klitplantage** und der Steilküste am Leuchtturm ♥ Hirtshals Fyr. Beeindruckend sind die bis zu 25 Meter hohen, dicht bewachsenen Dünen vor dem befahrbaren Tornby Strand, aber auch der steinige Strand direkt in Hirtshals ist sehenswert. Am Strandvejen in Tornby öffnet im Sommerhalbjahr ein Lebensmittelmarkt, in der oberen Etage serviert das ♥ Restaurant Munch schon seit den 1930er Jahren seine Speisen mit Meerblick. Das kleine ♥ Ishus gegenüber hat eine windgeschützte Terrasse. Viel besser schmeckt das Eis aber vom Aussichtspunkt Kanonudsigten, zu dem eine steile Treppe auf die Düne führt. Der Campingplatz öffnet im Sommer sein Hallenbad für alle Besucher, es gibt einen ♥ Fahrradverleih und ein Sommercafé mit Galerie. Das benachbarte Dorf Tornby hat einen ganzjährig geöffneten Supermarkt mit Tankstelle.

Wandern & Radfahren

Tornby Klitplantage

Die weitläufige ♥ Tornby Klitplantage beginnt südlich der Ferienhaussiedlung. Vom Strandvejen führt ein Rad- und Wanderweg in die Plantage, vom Dorf Tornby erreicht man den Wald mit dem Auto. Die Anhebung des Meeresbodens an der Nordwestküste Dänemarks vor einigen tausend Jahren führte dazu, dass sich etwa 300 Meter hinter der eigentlichen Küste heute ein Steilhang erhebt, der früher einmal Strand war. Diese Hänge sind bis zu 25 Meter hoch, zerklüftet und inzwischen dicht bewachsen. Zwischen den robusten Edeltannen stehen verschiedene Laubbäume und auch einige exotische Nadelbaumarten. Der umzäunte ♥ Hundewald am Ræfskærvej gehört zu den schönsten Freilaufzonen für Hunde. Gegenüber versteckt sich der ♥ Yxengaard im Wald, ein privates Wikingerdorf, in dem rücksichtsvolle Besucher willkommen sind.

Naturerlebnisse

Urlaub mit Hund

Zum Meer hin wechseln sich Strandhafer und Sanddorn mit Schilf und Moos in den Flusstälern ab. Im Süden vor Tornby Strand führen die Wege durch offene Wiesen, die Aussicht ist aus jeder Richtung beeindruckend! Am Ende des Ræfskærvej gibt es einen Parkplatz mit Picknickbänken. Der Pfad zum Strand ist recht zugewachsen. Einen einsamen, fast unwirklich wilden Strandzugang gibt es am ♥ Kærsgård Strand, dort endet die Tornby Plantage an der Mündung der Liver Å.

TORNBY

Fährt man über **Hirtshals** weiter nach Nordwesten, durchquert man die ♥ Lilleheden Klitplantage. Die strandnahen Ferienhäuser von **Kjul** am Rand dieser Plantage sind beliebt bei Surfern und Naturfreunden. Das Moor-Heidegebiet der Lilleheden Plantage geht über in die noch weitläufigere ♥ Uggerby Plantage. Davor erstreckt sich der unbebaute, steinlose Uggerby Strand. Für Wanderausflüge oder Radtouren ist es eine herrliche, abwechslungsreiche Landschaft mit Wald, Moorteichen und Schilfwiesen. Der Wald endet am Flusslauf der ♥ Uggerby Å. Dieser Fluss ist ein beliebtes Angelrevier, besonders an der Fischtreppe in Bindslev. Im Dorf Uggerby lädt eine ♥ Kanuvermietung ein, den Fluss vom Wasser aus zu erkunden.

Angeln

↗ uggerbykanofart.dk

Den gamle
Købmandsgård

Fun Park und Den gamle Købmandsgård in Tornby

Familienurlaub

Der ♥ Fun Park Hirtshals südlich von Hirtshals ist ein Freizeitpark mit Ponys, Ziegen und Rotwild, auch kleine Schweinchen wühlen im Matsch und in den Volieren zwitschern zahlreiche Vögel. Natürlich gibt es nicht nur ein Café, sondern auch einen Picknickplatz mit Grill. Bogenschießen, Minigolf, eine Fahrt mit dem Mooncar oder eine Rundfahrt mit der kleinen Eisenbahn werden Kinder begeistern.

Der ♥ Tornby Købmandsgård ist ein Kaufmannshof am Ortsrand von Tornby. Bis vor 25 Jahren war es ein altmodisches Kolonialwarengeschäft, dann übernahm es ein Bürgerverein und baute es zu einem Museumsladen um. Leckere Wurst und bunte Bonbons liegen neben Puppenkleidern und Holzautos, alles im Stil des 19. Jahrhunderts. Am Wochenende öffnet eine ♥ Kaffeestube.

Die Hafenstadt Hirtshals

⚹ vhm.dk/muse-erne/

Den weißen Leuchtturm ♥ Hirtshals Fyr sieht man bei klarer Sicht bereits von Lønstrup aus. Seine Aussichtsplattform wird täglich geöffnet, in den Ferien öffnet ein kleines Café im Nebengebäude. Das ♥ Bunkermuseum unterhalb des Turms umfasst verschiedene Geschützbunker aus dem Zweiten Weltkrieg. Sie sind kostenlos zugänglich und mit Informationstafeln beschildert. Im Sommer werden geführte Touren angeboten.

Der weitläufige Hafen ist über eine Treppe mit dem höher gelegenen Stadtzentrum verbunden. Oben wie unten gibt es zahlreiche Restaurants, Angelzubehör und seefeste Kleidung. Das Zentrum wirkt ein wenig verlassen, doch im Sommer ist hier viel los und die Aussicht auf den riesigen Hafen und das Meer ist schon etwas Besonderes. Die besten Einkaufsmöglichkeiten bieten die Supermärkte etwas außerhalb. Frischen Fisch verkauft ♥ Gårdboes Fiskehandel von April bis November am Norgeskajen nah dem Anleger der Norwegen- und Islandfähren. Wer selber angeln will, kann ganzjährig am Sydvestkajen verschiedene ♥ Angel-tour buchen.

Angeln

Mein Tipp:

Das **Hirtshals Museum** ist ein entzückendes, kleines Stadtmuseum in der Vanggårdsgade. Das Hauptgebäude bewohnte einst eine Fischersfrau, die es recht gemütlich hatte. Im Anbau erfährt man mehr über die Entwicklung der Stadt und im Laboratorium darf man sich einen Kräuterschnaps mixen, der **Bjesk** heißt.

Kleine Haie und große Fische im Nordsee Ozeanarium

Das spannendste Erlebnis in Hirtshals ist das größte Meerwasseraquarium in Nordeuropa, das ♥ Nordsøen Oceanarium. Es steht am Stadtrand vor dem Wald Lilleheden, nah der gleichnamigen Bahnstation. Bekannt geworden ist das Aquarium durch die ♥ Mondfische, die in einem riesigen Glaszylinder ihre Bahnen ziehen. Sie teilen sich das Becken mit kleinen Haien und allerlei anderen Fischen. Der staunende Zuschauer kann sich auf den Rängen niederlassen, ab und an taucht auch ein Tierpfleger ins Becken und füttert die Fische vor den Augen der Gäste.

Familien-urlaub

⚓ nord-soenocea-narium.dk

Das Aquarium besteht aus verschiedenen Stationen zur Unterwasserwelt der Nordsee, die man auf einer "Expedition" erkundet. Zum Außengelände mit Spielplätzen und Gastronomie gehört auch ein Seehundbecken. Die munteren Schwimmer dürfen bestaunt und auch gefüttert werden. Die gesamte Anlage ist so groß und interessant, dass man gut und gerne fünf Stunden bleiben kann, ohne sich zu langweilen!

TORNBY

TORNBY **TIPPS**

 Naturerlebnisse

 Wassersport

 Wandern & Radfahren

 Geschichte

 QR-Code scannen und weiterstöbern! Den kompletten Artikel zum Ort mit Strandfotos, interessanten Ausflugszielen und vielen Ferienhäusern gibt es hier.

Lage

Løjt Strand

:: URLAUBSREGIONEN

Ostsee

Flache Strände, weniger Wind und im Sommer **wärmeres Badewasser** – das bietet die dänische Ostsee an Jütlands Küsten.
Die fehlenden Dünen gleichen die **hübschen Städte** überall aus.

Løddenhøj
Strand

Südjütland Ost – Urlaub nah der Grenze

Der Osten von Südjütland ist ein grünes Urlaubsgebiet für alle, die nicht weit fahren wollen. Schon jenseits der Grenze, wenn man sich in den gemütlichen Verkehr der Landstraßen einfädelt, macht sich Entspannung breit. Die flache Ostsee ist so klar und sauber, dass man jeden Stein erkennt. Am Ufer der Flensburger Förde wandert man auf den Spuren der deutsch-dänischen Vergangenheit.

Ferienhäuser an der malerischen Ostseeküste

Familienurlaub

Die vielen Badeorte an der Ostküste von **Südjütland** haben eins gemeinsam: Die Lage in einer geschützten Bucht mit glasklarem Wasser und herrlicher Aussicht. Der ♥ Kleine Belt gilt unter Dänen als Binnengewässer, auch wenn er zur Ostsee gehört. Das Wasser plätschert leise ans flache Ufer, selten stören Industrie oder große Kähne den Blick. Besonders mit Kindern ist die Lage ideal. Am Strand gibt es immer etwas zu entdecken: bunte Kiesel, kleine Fische und jede Menge Krabben, Schnecken oder Muscheln. Die Strände sind mal mehr, mal weniger breit, feinsandig oder auch steinig. Je nachdem, wie der Wind steht, liegt Seegras am Ufer, doch Müll gibt es selten, zumindest nicht als Strandgut.

Damit man gut schwimmen gehen kann, hat jeder Strand einen Badesteg, zudem weht die Blaue Flagge überall. Toiletten, Rettungskästen und schöne Picknickbänke sind hier selbstverständlich. Manchmal führt eine Straße nah am Strand vorbei, meistens können Kinder aber ungestört toben, radeln oder Ball spielen. Oft stehen Spielgeräte direkt auf dem Sand, wenngleich die Natur vielleicht viel spannender ist.

Die schönsten Badeorte findet man zwischen Aabenraa und Kolding. ♥ Hejls- Mehr auf Seite 132 minde hat das größte Feriengebiet, gefolgt von **Grønninghoved**. Auch ♥ Kelstrup Mehr auf Seite 128 ist ein Urlaubszentrum, hier wurden viele neue Ferienhäuser gebaut. Malerisch und sehr naturnah ist es in **Søn-derballe Strand** mit der kleinen Halbinsel **Kalvø**. Der Strand von **Diernæs** ist besonders lang und feinsandig. Vor **Løddenhøj** im **Løjt Land** schweift der Blick auf die vorgelagerte Insel **Barsø**, zu der man für einen Tagesausflug übersetzen kann. Im ♥ Løjt Ferieby sind spielende Kinder ausdrücklich erwünscht. Es gibt ein kleines Freibad und eine große Spielwiese mit Hüpf-burg, Spielgeräten und Minigolf. Badeschuhe sind wegen der Steine am Wasser hier ein guter Urlaubsbegleiter.

Ganz im Süden grenzt Jütland an die ♥ Flensburger Förde. Das Land zwischen der deutschen Grenze und der dänischen Stadt **Sønderborg** auf der Insel ♥ Als gehörte mal zum einen, mal zum Mehr auf Seite 148 anderen Hoheitsgebiet. Heute ist es unübersehbar und ganz typisch dänisch geprägt. Sehr ruhig und ungestört wohnt man in **Brunsnæs** und **Vemmingbund** auf der Halbinsel Broager Land. Am Jachthafen ♥ Marina Minde in **Rendbjerg** ist Wasser-sport etwas mehr los, auch wenn es keinen richtigen Strand gibt. Der Blick über den Jachthafen mit ♥ bunten Segelbooten ist zu jeder Jahreszeit schön, im Sommer öffnet ein Restaurant und der Spielplatz steht allen Kindern offen.

Natur erleben, erwandern und bestaunen

Das Wasser in Südjütland Ost ist so flach und sauber, dass man jeden Stein und jeden kleinen Krebs erkennt. Mit einem Kescher oder einer selbstgebastelten ♥ Krabbenangel sind Kinder gut versorgt. Natürlich sollte der Fang am Abend zu-rück ins Meer gebracht werden, aber die Tage auf dem Badesteg beim Krebsangeln gehören sicher zu den spannendsten Urlaubserinnerungen. Auf der Insel **Barsø** kann man autofrei spazieren gehen, auf **Årø** werden Golfcaddys für die Inselrunde vermietet.

Vogelschutzgebiete oder schöne Rundwege gibt es am ♥ Haderslev Fjord, auf der ♥ Halbinsel Kalvø, am Nedersø und dem Midtsø bei **Jels** oder in den Wäldern rund um ♥ Aabenraa. Südlich vom Haderslev Fjords führt der ♥ Camino Haderslev durch die Landschaft, der kulturhistorische Pfad verbindet die kleinen Kirchen der Region. Am Ufer des ♥ Haderslev Dam, einem großen See westlich von **Haderslev**, liegt ein Tierpark im Wald. **Kalvø** am **Genner Strand** prägte einst eine Reederei. Heute bewohnen die wenigen Einwohner der Insel die Reedereigebäude. Der Rundweg ist auch mit Kindern gut zu schaffen, vor allem, wenn man die schönen Picknickplätze alle einmal ausprobiert. Auch **Aabenraa** ist von Wald umgeben, der

Urlaub mit Hund

♥ Nørreskov ist als Hundewald ausgewiesen. Vor dem Küstenwald am Avbækvej liegt ein kinderfreundlicher Badestrand und die Ferienhäuser in **Skarrev** haben die schönste Aussicht auf den Aabenraa Fjord. Am ♥ Midtsø bei Jels werden im Sommer Kanus vermietet.

⚡ gendarmsti.dk

Der ♥ Gendarmenpfad gilt zurecht als der schönste Wanderweg Dänemarks. Direkt am Ufer der Flensburger Förde schlängelt sich dieser historische Pfad entlang und eröffnet immer wieder neue Ausblicke.

Sport, Kunst und schöne Aussichten

Südjütland hält einige interessante und sehenswerte Städte bereit, jede mit

⚡ 1864.dk

einem Schloss oder zumindest einer großen Domkirche im Zentrum. **Gråsten** an der Flensburger Förde hieß früher Gravenstein. Das gleichnamige Schloss gehört zu den Privatgemächern des dänischen Königshauses, aber der restaurierte Küchen- garten und der Weg um den Schlosssee sind frei zugänglich. In der Stadt lädt der gemütliche ♥ Gråsten Kro zu einer Pause ein. Sehenswert ist auch die ♥ Broager Kirche mit ihren Doppeltürmen. Nördlich von Broager steht das Geschichtszentrum ♥ Dybbøl Banke, das an die vergangenen Kriege zwischen Dänen und Deutschen und die Gründung des Roten Kreuzes erinnert.

Kaffeetrinken mit Fjordblick

Die Küstenstraße Fjordvejen an der Flensburger Förde wird die ♥ schönste Stra- ße Dänemarks genannt. Vielleicht etwas übertrieben, aber eine Fahrt mit Blick auf die vielen Villen am Hang lohnt sich trotzdem. Das ♥ Restaurant Providence in **Stranderød** hat eine Terrasse mit Fördeblick und im Sommer setzt eine Fähre von **Sønderhav** auf die kleinen ♥ Ochseninseln über. In Sønderhav steht auch ♥ Annies Kiosk, eine der bekanntesten Imbissbuden auf Jütland.

Aabenraa
Altstadt

Aabenraa ist eine Handelsmetropole mit einem großen Industriehafen und einer entzückenden Altstadt. Nördlich vom Hafen liegt ein breiter Badestrand, hinter der alten Werft im Süden der ♥ Hundestrand Bahamas. Das weiße ♥ Schloss Brundlund ist ein schmuckes Kunstmuseum mit Café.

Urlaub mit Hund

Haderslev hat eine gemütliche Einkaufsmeile, auf der regelmäßig ein Wochenmarkt stattfindet. Hinter der Bibliothek beginnt der Haderslev Dampark, ein Stadtpark mit Spielplätzen und Tretbootverleih. Das ♥ Archäologische Museum zeigt Fundstücke aus ganz Südjütland und in der Domkirche aus dem 13. Jahrhundert finden auch deutsche Gottesdienste statt. Der Skaterpark ♥ Streetdome ist ein kostenloses Angebot mit verschiedenen Straßensportangeboten für Sportler ab acht Jahren. Der Park bietet auch Kurse an. Gelangweilte Teenager sind hier unbekannt! Schöne Spaziergänge verspricht der ♥ Haderslev Dyrepark am Ostufer des Haderslev Dam.

Geschichte

Familienurlaub

Naturerlebnisse

SÜDJÜTLAND OST

SÜDJÜTLAND TIPPS

 Naturerlebnisse

 Wassersport

 Familienurlaub

 Geschichte

QR-Code scannen und weiterstöbern! Den kompletten Artikel zum Ort mit Strandfotos, interessanten Ausflugszielen und vielen Ferienhäusern gibt es hier.

Lage

Kelstrup – waldige Höhen und flacher Sand

Kelstrup Strand und Hejsager Strand liegen dicht beieinander, bieten jedoch ganz unterschiedliche Strandbedingungen. Im Süden erhebt sich eine bewaldete Steilküste mit malerischen, alten Holzhäusern über der Sandvig Bucht, im Norden endet der lange, flache Sandstrand von Hejsager an einem Vogelschutzgebiet um das wasserreiche Halk Nor.

Ferienhäuser in Kelstrup und Hejsager Strand

Nur etwa zehn Kilometer südlich vom hübschen Städtchen Haderslev liegt das Ferienhausgebiet **Kelstrup** an der langgezogenen Bucht Sandvig. Von der schroffen, bewaldeten Steilküste Kelstrup Klint zieht sich der Strand fast vier Kilometer bis zum flachen, sehr sandigen Abschnitt am Halk Nor um die Bucht.

Der schönste Strandabschnitt heißt **Hejsager Strand**. Von hier führt eine Straße zum Dorf Hejsager, wohingegen die Straße von **Kelstrup Strand** nach Kelstrup führt – aber eigentlich ist es inzwischen eine zusammengewachsene Siedlung.

Familienurlaub ♥ Hejsager Strand ist flach, es gibt eine Slipanlage und einen ♥ Strandimbiss, der von April bis Oktober geöffnet hat. Zum Meer ist es nie sehr weit. Am Strand warten Picknickbänke, ein Badesteg und Spielgeräte. Hinter dem Strandimbiss beginnt *Naturerlebnisse* das Vogelschutzgebiet ♥ Halk Nor mit Wiesen, Wasserläufen und einem großen See. Wasserfeste Schuhe sind vor allem für Wanderungen in der kühlen Jahreszeit notwendig!

In der Mitte und im Westen der Bucht stehen direkt am Strand Ferienhäuser, daher ist der Zugang zum Baden nur über schmale Pfade zwischen diesen Häusern möglich. Nah dem Parkplatz am Grønkær Højvej führt der Pfad direkt zu einem Badesteg. Dort, wo die Ferienhäuser von Kelstrup stehen, wird die Landschaft hügeliger und der Strand steinig. Sehr schmuck sind *Romantische Blockhäuser* die ♥ historischen Sommerhäuser, die auf der Steilküste Kelstrup Klint stehen. Bunte, reich verzierte Holzhäuser stehen zwischen den Laubbäumen, der Weg zu den Häusern heißt passenderweise auch Blokhuskoven. Die Aussicht ist fantastisch und hinter dem Haus geht es direkt in den Wald.

Kelstrup

Mehrere Neubaugebiete für Ferienhäuser wurden zwischen dem Wald und dem alten Ortskern von Kelstrup Strand neu ausgewiesen. Wer ein schickes, neues Ferienhaus bevorzugt, wird hier sicher fündig. Solange noch gebaut wird, kann es zu Beeinträchtigungen kommen, auch blickdichte Hecken oder angelegte Gärten müssen erst wachsen. Dafür hat man von den strandnahen Häusern eine schöne Aussicht, denn ein Baugebiet liegt am Hang. Der erste Strandzugang unterhalb des Klints ist ein schmaler Pfad am Ende des Skovbovejs am Rand der neuen Grundstücke. Hier kann man Steine sammeln oder vom Steg ins Wasser tauchen. Zum Sandstrand muss man ein bisschen fahren oder am Ufer entlanglaufen.

Zum Einkaufen fährt man nach Haderslev oder zum Kaufmann in Hoptrup oder in Øsby. In Hajstrup, kurz vor Årøsund, liegt der Lindegaarden, ein ♥ Hofladen mit Obst und Gemüse. Am Hafen von Årøsund bekommt man ab und an frischen Fisch direkt vom Kutter.

Lokale Spe-
zialitäten

Da besonders der Norden von Hejsager Strand genau auf Meereshöhe liegt, kann es hier bei starkem Regen nass sein, auch auf den Grundstücken. Das sollte man bei der Planung eines Herbst- und Winterurlaubs einkalkulieren. Dafür ist es in der Nebensaison unendlich ruhig, an manchen Tagen hört man nur die Möwen und das leise Plätschern der Wellen.

Kelstrup
Strand

Frischer Fisch und Hafenflair in Årøsund

Der Hafen **Årøsund** liegt etwa 12 Kilometer von Kelstrup entfernt. Die Fischerboote sind hier noch im Einsatz, wenn man zur rechten Zeit kommt, gibt es den Fang frisch von Bord. Im Sommer stehen mehrere ♥ Lokale mit Meerblick zur Auswahl. Am Fähranleger für die ♥ Årø Fähre gibt es eine Grillbar mit Aussicht auf den Hafen, am Jachthafen bekommt man Pizza im Restaurant Il Gusto. Wenn es etwas gehobener sein darf, ist das ♥ Aarøsund Badehotel der ideale Ort für ein Gourmetmenu oder köstliche Speisen à la carte. Im Sommer finden hier ab und an Flohmärkte statt. Die ♥ Bootswerft von Årøsund ist spezialisiert auf die Reparatur und Restaurierung von Kuttern und Segelschiffen.

Boote und Häfen

Mein Tipp

Die kleine Insel **Årø** bietet sich nicht nur für einen Tagesausflug an. Bis auf den kleinen Ort am Hafen gibt es vor allem Felder und Weiden. Ein Naturschutzgebiet mit vielen Vögeln ist das **Årø Kalv**. Wer sich in die Insel verliebt, kann hier ein Ferienhaus buchen und vielleicht an einer Weinprobe auf dem Weingut **Årø Vingård** teilnehmen. Der Wein soll hier im milden Ostseeklima tatsächlich gut gedeihen, auf jeden Fall ist er eine Rarität.

Kurz vor Årøsund liegt der Campingplatz Gammelbro. Das ♥ Schwimmbad dort hat von Ostern bis Ende Oktober geöffnet und in der ♥ Kreativwerkstatt steht auch Besuchern offen. Der Strand in Årøsund ist sehr schön und kinderfreundlich.

Familien-urlaub

KELSTRUP **TIPPS**

 Boote und Häfen

 Lokale Spezialitäten

 Naturerlebnisse

 Familienurlaub

QR-Code scannen und weiterstöbern! Den kompletten Artikel zum Ort mit Strandfotos, interessanten Ausflugszielen und vielen Ferienhäusern gibt es hier.

Lage

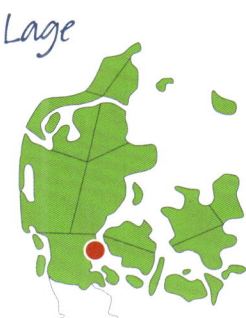

Hejlsminde – Beschaulichkeit am Kleinen Belt

Das malerische Hejlsminde liegt am Kleinen Belt, der mit seiner geschützten Lage zwar zur Ostsee gehört, aber eigentlich ein Binnengewässer ist. Das glasklare Wasser, die flachen, sandigen Strände und die windgeschützten Buchten machen dieses Gebiet für Familien mit Kindern so reizvoll, ebenso wie die Nähe zu Kolding, einer lebendigen und abwechslungsreichen Stadt, in der es viel zu entdecken gibt.

Flache Sandstrände und viele Ferienhäuser

Hejlsminde liegt zwischen dem Hejlsminde Nor und dem Kleinen Belt. Der Ort hat außer einer großen Auswahl an Ferienhäusern nur einen hübschen Hafen, einen Strandimbiss und ein ♥ Vogelschutzgebiet am Nor zu bieten. Am Campingplatz gibt es in der Saison frische Brötchen und Lebensmittel, eine ♥ Minigolfbahn, ein Freibad und Fahrradverleih. In **Hejls**, etwa drei Kilometer von Hejlsminde entfernt, bekommt man im gut sortierten Supermarkt alles, was man sonst so braucht. Auch eine Tankstelle und einen ♥ Hofladen, der im Sommer allerlei Nippes und Trödel anbietet, gibt es hier.

Naturerlebnisse

Familienurlaub

Der beste Strand von Hejlsminde liegt zwischen dem Jachthafen und dem Badehotel. Sand, ein Badesteg, einige ♥ Spielgeräte und klares, ♥ flaches Badewasser sind für Kinder sehr schön. Auch am Telgårdsvej gibt es einen Strandzugang. Weiter nördlich am Ferienhausgebiet **Trappendal** liegt unterhalb der Steilküste ein weiterer Strandabschnitt.

Hügeliges Hinterland in Grønninghoved

Nördlich von Hejlsminde liegen **Grønninghoved** und Binderup an einer langen Sandbucht. Direkt am Strand von Binderup öffnet im Sommer ein **Bistro** mit einem kleinen Laden, der Lebensmittel und Strandspielzeug verkauft. Ein langer Badesteg führt ins tiefere Wasser, schön zum Schwimmen. Für Kinder ist das flache Ufer am langen Sandstrand ideal. In der Hochsaison ist viel los am Strand, leider ist der Sand in der Mitte der Bucht dann auch etwas schmuddelig.

Hejlsminde Nor

Im nördlichen Teil der Bucht liegt **Grønninghoved**. Hier ist der schmale Strand fein und weiß, trotz einiger Steine etwas ansprechender und nur einen kurzen Fußweg von Binderup entfernt. Der Strand in **Bjert** auf der Südseite der Bucht ist ebenfalls sehr idyllisch, aber schmal. Die kleinen Strandhäuser mit Meerblick sind schöne Fotomotive. Direkt an der Küste führt der ♥ Ostseeradweg entlang. Da die schmalen Straßen ins hügelige Hinterland keine Fahrradwege haben, sind Rundtouren mit dem Rad nur geübten Fahrern zu empfehlen. Der höchste Hügel ist die **Skamlingsbanken**, mit 113 Metern zugleich Südjütlands höchster Punkt. Vom Grønninghoved Strand führt ein Fußweg durch den Wald hinauf zum ♥ geschichtsträchtigen Gipfel. Eine Steinsäule erinnert an die Zeiten, als der Grenzverlauf zwischen Deutschland und Dänemark für viel Unruhe in Nordschleswig sorgte. Heute kann man sich im ♥ Restaurant Skammlingsbanken daran erfreuen, dass Deutsche und Dänen zu Freunden geworden sind und gemeinsam die tolle Aussicht genießen! Im Sommer öffnen auch ein Kiosk, das ♥ Besucherzentrum bietet auch Führungen an.

Ideal für einen ♥ Ausflug mit Hund ist der Strand von **Skibelund**. Ein Sandstrand mit Badesteg, schattenspendenden Bäumen, einer großen Spielwiese und Toiletten findet man hier, da der Strand als Naturcampingplatz ausgewiesen ist. Vom Parkplatz führt ein Wanderweg zum ♥ Vogelschutzgebiet Solkær Å, die hier in einem breiten Flussbett gen Ostsee fließt. Vom Vogelbeobachtungsturm kann man die Flussauen mit ihrem Artenreichtum gut überschauen. Stendrup Hage bei **Gl. Ålbo**, dem nordöstlichsten Punkt von Südjütland, ist ein beliebter Angelplatz für Meerforellen.

Wandern & Radfahren
✦ ostsee-radweg.com

Südjütlands höchster „Berg"

✦ museumkolding.dk

Badeplatz für Hunde

Naturerlebnisse

Schloss
Koldinghus

Kolding – Badeland, Designmuseum und Spielparks

Die Hafenstadt **Kolding** entstand im 12. Jahrhundert als Handelsplatz. Fast so lange schon wacht das mächtige ♥ Koldinghus am Schlosssee über die Stadt. Es beherbergt ein kulturhistorisches Museum, interessant für alle Altersstufen. Der drei Etagen hohe Ruinensaal verbindet sehr gekonnt die alte Bausubstanz mit neuer, skandinavischer Architektur. In einem anderen Gebäudeteil können sich Kinder mit historischen Kostümen schmücken. Im Keller wartet ein gemütliches Café und vom trutzigen Turm hat man die beste Aussicht über die Stadt. Unten am Schlosssee liegt das ♥ Slotssøbadet, ein großes Badeland mit Saunalandschaft.

Der ♥ Legepark in der Nähe des Sees ist ein pädagogisch betreuter Spielplatz mit vielen, kostenlosen Angeboten für einen gemütlichen Nachmittag im Grünen. Bei Regen kann man in die große Kinderabteilung der Stadtbibliothek ausweichen. Der ♥ Geografische Garten lädt zu einer duftenden Reise durch die Welt der Pflanzen ein. Am alten Hafen liegen ein paar hübsche Holzschiffe und im Zentrum laden gemütliche Cafébars zum Verweilen ein. Im Stadtteil Strandhuse steht das ♥ Designmuseum Trapholt. Hier begleiten moderne Malerei, Fotografie und Kunsthandwerk den Gast durch die großen, hellen Räume. Das Café hat eine Terrasse mit Aussicht über den Koldingfjord. Das Sommerhaus ♥ Kubeflex vom Designer Arne Jacobsen steht im Park des Museums. Mehrmals täglich gibt es Führungen in dieses ungewöhnliche „Kästchen", das als Baukastensystem geplant war, sich aber nicht verkaufen ließ und daher nur im Museum zu bewundern ist. Im Museumsshop findet man dänisches Design zum Mitnehmen.

⚲ koldinghus.dk

⚲ ssbad.dk

Familienurlaub

Kunst und
Handwerk

Christiansfeld: Zurück in die Vergangenheit

Die Stadt **Christiansfeld** wurde im 18. Jahrhundert von der Herrnhuter Brüderge-
meinde angelegt. Der dänische König Christian VII war auf einer Reise in die Nie-
derlande von deren Handwerkskunst so beeindruckt, dass er ihnen eine Kolonie
anbot und diese nach seinem Namen benannte. Im Zentrum der malerischen Stadt
erinnern nur die Autos daran, dass man nicht mehr das Jahr 1780 schreibt. Der
Ort ist wegen seiner gut erhaltenen, historischen Innenstadt von der UNESCO zum
♥ Weltkulturerbe ernannt worden.

Geschichte

Ein gut sortiertes Handarbeitsgeschäft, eine Weinhandlung und ein kleines
Spielzeugmuseum säumen die Hauptstraße. Sehenswert ist der Friedhof der
Herrnhuter Gemeinde, der seit 250 Jahren aus damals noch völlig unüblichen,
anonymen Grabstätten besteht. Christiansfeld ist eine typisch dänische Sehenswürdigkeit: Unspektakulär, doch sehr idyllisch. Das Stadtbild ist gerade durch
die Abwesenheit von touristischen Attraktionen so authentisch.

Am Gl. Præstegårdsvej liegt der ehemalige Park ♥ Christinero. Christina Friederica
von Holstein wurde hier begraben. Sie hatte den Park mit exotischen Pflanzen
angelegt, die ihr die Herrnhuter Missionare von ihren Reisen mitbrachten. Heute
ist es ein verwildertes, friedliches Waldstück mit einem kleinen Pavillon. Auf dem
Weg fährt man an der ♥ ältesten Holzscheune Dänemarks vorbei. Sie steht seit
300 Jahren neben dem alten Pfarrhaus von Tyrstrup.

Geschich-
te

HEJLSMINDE

Mein Tipp

Eine süße Köstlichkeit haben die Herrnhuter aus ihrer Heimat
Holland importiert: Den Honigkuchen, der bis heute in Christiansfeld
gebacken wird. Als die Siedler sich in Christiansfeld niederließen,
war das **Honigkuchenherz** ein Ehegelübde – es wurde vom Pastor in
zwei Hälften geteilt und musste von dem zukünftigen Ehepaar unter
seinen Augen verzehrt werden. Erst dann war die Ehe gesegnet.

Lokale
Speziali-
täten

HEJLSMINDE TIPPS

 Naturerlebnisse

 Wandern & Radfahren

 Familienurlaub

 Lokale Spezialitäten

 QR-Code scannen und
weiterstöbern! Den
kompletten Artikel zum
Ort mit Strandfotos,
interessanten Ausflugszielen und
vielen Ferienhäusern gibt es hier.

Lage

Fanø

═ URLAUBSREGIONEN

Inseln

Eine Insel mit zwei Bergen gibt es nicht in Dänemark, aber mehr als zwei Strände haben die meisten **Ostseeinseln**. Nur Fanø und Rømø als **Nordseeinseln** sind eigen – beide haben sie nur einen Strand, der aber fast die halbe Insel ausfüllt!

Rømø – Strand soweit das Auge reicht

Die Insel Rømø ist bekannt für ihren riesigen Sandstrand, der von Familien mit Kindern, von Surfern und Wellenreitern oder von Gästen mit Hunden gleichermaßen geliebt wird. Die Insel hat keinen historischen Dorfkern, aber ein paar wunderschöne Reetdachhöfe aus dem 17. und 18. Jahrhundert.

Inselurlaub ohne Fährverkehr

Rømø, das von den Einheimischen nur „Røm" genannt wird, ist Dänemarks größte und südlichste Nordseeinsel. Etwa 1.000 Ferienhäuser werden auf der Insel vermietet. Man benötigt keine Fähre, sondern überquert das Wattenmeer auf einem kostenlosen, etwa zehn Kilometer langen Damm. So kann man jederzeit zum Einkaufen oder für Ausflüge aufs nahe Festland fahren. An der Strandzufahrt im beliebtesten Ort **Lakolk** liegen bei Ebbe beinahe 1.000 Meter Sand zwischen Dünen und Wasser, darum ist der Strand bei Drachenfliegern sehr beliebt. Am ersten Wochenende im September findet hier jedes Jahr das ♥ Rømø Drachenfestival statt.

Urlaub mit Hund

An der Strandzufahrt gibt es ein kleines ♥ Butikcenter mit Eisdiele und Imbiss, einen schönen Campingplatz und eine Schilfwiese für ♥ Hundespaziergänge ohne Leine hinter den Dünen. Auch wenn Lakolk den besten Strand bietet, ist **Havneby** im Süden der Insel das touristische Zentrum mit einem Hafen, Restaurants und Geschäften. Sehr naturnah stehen die Häuser im benachbarten **Sønderstand**. Wer im Hochsommer eine Idylle sucht, sollte seinen Urlaub im grünen **Bolilmark** verbringen, wo sich die Häuser ohne weitere Infrastruktur in die Dünen schmiegen. Nahe dieser Ferienaussiedlung erhebt sich die höchste Düne der Insel mit einem weiten Blick über die Landschaft. **Kongsmark** liegt direkt an der Inselstraße am Wattenmeer, hier gibt es einige Ferienhäuser, das tolle ♥ Café Hattesgård und den ♥ Rømø Slagteren mit leckeren Zutaten für einen Grillabend.

Lokale Spezia-
litäten

Bei Hundebesitzern ist Rømø besonders beliebt, weil viele Ferienhäuser auch drei und mehr Hunden Platz bieten. Es gibt sogar eine gut sortierte ♥ Hundeboutique

Lakolk Strand

mit Zaunverleih und Hundesitterservice. Außer der Schilfwiese in Lakolk gibt es zwei Areale in den Kliplantagen, die als Hundewald freigegeben sind.

Hundeboutique

⚡ dogin.eu

Rømø Strand – hier ist Platz für viele Hobbys

Badefreuden auf Rømø sind von der Tide abhängig, denn selbst bei Flut liegen bis zu 600 Meter Fußmarsch über feinen, steinlosen Sand zwischen strandnahen Ferienhäusern und dem Meer. Der große Strand zieht sich an der gesamten Westküste von Rømø entlang. Für Badegäste ist der **Lakolk Strand** reserviert. Sandeimer, Windschutz und Picknickdecke lassen sich prima auf dem Fahrrad oder mit dem Auto bis zum Wasser fahren. An der Strandzufahrt **Sønderstrand** bei Havneby liegt das Gebiet der ♥ Strandsegler, direkt nördlich davon das der ♥ Kitebuggy-Fahrer. Große Hinweisschilder zeigen an, wo die Grenze zwischen den Arealen ist, damit man sich nicht in die Quere kommt. Überquert man den breiten Strand bei Ebbe bis zu den flachen Dünen in der Ferne, erreicht man einen schönen Sandstrand mit Muscheln, Wellen und Blick auf die Nachbarinsel Sylt. Achtung, bei Flut kann der Rückweg von 1000 Metern unter Wasser stehen! Sehenswert sind die Kitesurfer, die vor allem in Lakolk auf und über die Wellen rasen. Nördlich von Lakolk kommt man nur zu Fuß auf den Strand, man darf aber mit dem Auto von Lakolk auf dem Strand nach Norden und nach Süden fahren, soweit der Sand es erlaubt.

RØMØ

Wasser-
sport

Havneby

Hafenflair und Ferienanlagen im Süden

Havneby ganz im Süden von Rømø hat den einzigen Hafen der Insel. Auf dem Weg dorthin passiert man eine schöne Kirche in **Kirkeby** sowie ein historisches Rettungshaus, die **Kirkeby Plantage** mit einem Hundewald und die ❤ Rømø Bageri. Auch alle Supermärkte der Insel, Ferienhäuser mit Blick auf das Wattenmeer und das ❤ Naturcenter Tønnisgård säumen die Straße. Havneby besteht aus dem Fischerei- und Fährhafen sowie einer großen Auswahl an Ferienanlagen. Man kann hier essen gehen und frischen Fisch kaufen bei ❤ Ottos und Annis Fisk. Der kleine Fischladen hat fast das ganze Jahr über geöffnet. Wer keinen Fisch mag, bekommt im Havn Kiosken Hot Dogs und Eis.

Fischbuffet

Zwischen den Ferienhäusern warten viele Spielplätze auf die Kinder. Unterhaltung im Freien verspricht auch der (kostenpflichtige) ❤ Spiel- und Labyrinthpark. Mehrmals täglich legt die Fähre nach Sylt ab. Für Fußgänger oder Radfahrer gibt es günstige Tagestickets auf die Nachbarinsel. Im ❤ Havneby Kro und im Frankel 5 wird bei Sonne auch auf der Terrasse serviert. Fahrräder, Kettcars, Bollerwagen und vieles mehr vermietet ❤ Rømø Cykler, nebenan bekommt man sportliche Mode und Nippes. Der Supermarkt öffnet ganzjährig.

Familienurlaub

Gästen der Ferienanlage Rim steht ein Freibad kostenlos zur Verfügung. Für Regentage gibt es ein kleines ❤ Schwimmbad am Golfclub.

Havneby liegt rund um den Hafen im Osten, die schöne Ferienhaussiedlung Sønderstrand liegt im Westen zwischen Wald und Wattwiesen. Von hier kann

man auch zu Fuß zum Strand gehen, vorbei an der ♥ Rømø Ponyfarm und vogelreichen Wiesen. Die Strandzufahrt ist für Autos freigegeben, man kann bis zu den vorgelagerten Dünen fahren. In der hügeligen **Vråby Plantage** nördlich von Sønderstand liegt ein Hundewald und an den schmalen Wegen, die zurück zur Hauptstraße nach Rømø Kirkeby führen, stehen schmucke, alte Reetdachhöfe.

Familienurlaub

Reetdach-Idylle im Norden

Das nördliche Ende der Insel prägen Landwirtschaft und die alte Siedlung **Juvre**. Ein ganz besonderes Exemplar ist der ♥ Kommandørgården, der zum Dänischen Nationalmuseum gehört. Der Hof stammt aus dem 17. Jahrhundert, als die Kapitäne der Walfangschiffe durch die guten Fänge vor Grønland zu Ruhm und Reichtum gelangten, den sie dann in große Anwesen auf ihrer Heimatinsel Rømø investierten. Die kunstvolle Inneneinrichtung zeugt von einer Phase des Wohlstands an der traditionell eher kargen, dänischen Nordseeküste. Im ♥ Hofcafé gibt

Historische Reetdachhöfe

es von Mai bis Oktober hausgebackenen Kuchen und kleine Speisen. Auch in der Nachbarschaft stehen einige imposante Reetdachhöfe mit bunt verzierten Türen. Im benachbarten **Toftum** gibt es viele Ferienhäuser, am Campingplatz öffnet im Sommer der Minimarkt. An der Ostküste hält das ♥ Amphibienfahrzeug Mandøpigen.

⚓ bb-mandoe.dk

Die Nordspitze gehört zu einem militärischen Sperrgebiet, man darf sie nur außerhalb der Manöverzeiten betreten. Hier leben viele ♥ Wasservögel in den sumpfigen Wiesen und Uferzonen.

Naturerlebnisse

RØMØ

RØMØ TIPPS

 Naturerlebnisse

 Familienurlaub

 Wassersport

 Urlaub mit Hund

QR-Code scannen und weiterstöbern! Den kompletten Artikel zum Ort mit Strandfotos, interessanten Ausflugszielen und vielen Ferienhäusern gibt es hier.

Lage

Fanø – reif für die schönste aller Inseln

Die Insel Fanø in der südlichen Nordsee begrenzt das Wattenmeer zur offenen See hin. Unendlich breiter Sandstrand nach Westen und eine idyllische, grüne Wattenmeerküste im Osten rahmen ein Urlaubsparadies ein, das mit zwei malerischen Fischerdörfern und einer riesigen Auswahl an Ferienhäusern eigentlich ein Muss für jeden Dänemarkfan ist – auf Fanø muss man einfach gewesen sein!

Willkommen auf der Insel

Die Überfahrt nach **Fanø** vom Hafen in Esbjerg dauert nur etwa 20 Minuten, doch einen größeren Kontrast als von der Abfahrt im Industriehafen Esbjerg zur Ankunft im romantischen Inseldorf **Nordby** kann man sich kaum vorstellen. Wen es direkt in seine Ferienunterkunft am breiten Nordseestrand der Westküste zieht, der verpasst den wunderbaren, ersten Eindruck, mit dem für viele Besucher eine ♥ lebenslange Liebe beginnt: blitzsaubere, kleine Reetdachhäuser mit üppigen Vorgärten, farbenprächtigen Holztüren, Kopfsteinpflastergassen mit winzigen Cafés und eine friedliche Stimmung, die an die „gute alte Zeit" erinnert. Heute leben keine wind- und wellengeplagten Fischer mehr in diesen Gassen, es sind Ferien- oder Wochenendhäuser und Heimat der heutigen Insulaner, die vom Tourismus leben oder im nahen Esbjerg arbeiten und nach Feierabend in die hyggelige Welt ihrer Nordseeinsel zurückkehren.

Fanø war schon immer etwas Besonderes. Die Bewohner hatten sogar eine eigene Tracht, die noch bis in die 1970er Jahre von den alten Fischern und ihren Frauen getragen wurde. Heute kann man die prächtigen Kleidungsstücke und andere Exponate aus der Seefahrtsgeschichte im ♥ Schifffahrts- und Trachtenmuseum in Nordby bewundern. Zerbrechliche Kunststücke modernerer Art stellt die Dänin Charlotte La Cour in der ♥ Fanø Glaspusteri her. Charlotte hat bei Bülow Glas auf Bornholm gelernt und in einem wunderschönen Haus in Nordby ihre eigene Kunstwerkstatt eröffnet.

⌁ fanoeglas-pusteri.dk

Nordby

Natürlich ist es auf Fanø in der Hochsaison auch nicht immer friedlich. Tausende Urlauber und Tagesgäste tummeln sich dann in den Gassen, am Strand und vor allem in den Ferienhausgebieten. Doch kaum ist die Ferienzeit vorbei, kehrt Ruhe ein. Manch ein Urlauber langweilt sich dann vielleicht sogar, denn viel Entertainment bietet die Insel nicht. Zwei kleine Dörfer, Nordby mit dem Fähranleger im Nordosten und Sønderho ganz im Süden der Insel sind die beiden Siedlungen, Rindby und Fanø Bad heißen die Ferienhausgebiete an der Westküste, wobei Rindby schon ein kleines Dorf war, bevor die Ferienhausgäste kamen.

Gut zu wissen

Die Fährgesellschaft **Fanølinjen** setzt mit ihren Fähren Fenja, Menja und der elektrofähre Grotte im Sommer alle zwanzig Minuten und im Winter alle vierzig Minuten von Esbjerg nach Fanø über. Man kann die Überfahrt nicht vorbestellen, wer zuerst kommt, fährt zuerst. In der Nebensaison ist die Fähre etwas günstiger. Eine Brücke nach Fanø gibt es nicht.

Strandnah wohnen an der Westküste

Nordby geht nahtlos über in **Fanø Bad**. Wenn man der Hauptstraße durch das Wohngebiet von Nordby folgt und den Supermarkt des Ortes passiert hat, ist man zunächst etwas enttäuscht, wie wenig Charme Fanø Bad auf den ersten Blick versprüht. Es wurde bereits Ende des 19. Jahrhunderts als mondänes Strandbad gegründet. Die alten Villen von damals gibt es nicht mehr, die heutigen Ferienappartements direkt an der Strandzufahrt stammen aus den 70er

FANØ

Jahren und wirken trotz Renovierungen etwas altbacken, zumindest von außen. Auf dem Vorplatz mit Sitzgelegenheiten und einigen Restaurants sieht man das Alter an, doch die Wege und Freiflächen werden nach und nach erneuert und die Restaurants sind immer gut besucht. In den Dünen rechts und links vom Weg wird es gemütlicher und die klassischen Holzhäuser auf ihren Naturgrundstücken sind schön wie überall an der Küste. Die Häuser in Strandnähe sind durch die Dünen nicht unbedingt barrierefrei erreichbar, das gilt auch für Rindby.

Von Fanø Bad kann man auf dem Strand weiterfahren nach **Rindby**, mit dem eigenen Auto oder auch mit dem Fahrrad. Natürlich gibt es auch eine asphaltierte Straße, sie führt an der Ostküste entlang. Rindby hat keine großen Ferienanlagen, sondern nur freistehende Ferienhäuser, wenn auch recht dicht beieinander. Ein kleiner ♥ Lebensmittelmarkt mit einem Fischtresen und einem Eiswagen, ein Bistro direkt am Strand, ein Drachenladen und eine Fahrradvermietung öffnen im Sommer. Am Campingplatz bekommt man Pizza und eine abenteuerliche ♥ Minigolfanlage sorgt für Abwechslung vom Strandleben.

Familienurlaub

⚓ clubfanoe.dk

Kites und Strandbuggys haben südlich der Strandzufahrt in Rindby ihr Revier. Für das Fachgespräch nach dem Kiteausflug kann man sich bei ♥ Kites & Coffee treffen, hier gibt's auch Kurse und Kitezubehör. Fanø ist der beste Ort, um Blokart fahren zu lernen! Der ♥ Club Fanø verspricht, dass auch Anfänger nach zehn Minuten damit fahren können. Der Club bietet auch andere Aktivitäten und Ausflüge für jede Altersklasse an.

Schmuckstück im Süden: Sønderho

Naturerlebnisse

Da der Strand im weiteren Verlauf nach Süden nicht ganz so stabil ist wie zwischen Fanø Bad und Rindby, ist eine Autofahrt auf dem Strand nach **Sønderho** etwas abenteuerlicher, aber möglich. Zwei Wanderwege führen von diesem einsamen Strandabschnitt in die ♥ Fanø Klitplantage hinter den Dünen. Die Straße nach **Sønderho** führt mitten durch die Plantage, sie wird von einem zweispurigen Radweg begleitet. Auch mit Kindern sind die gut zehn Kilometer von einem Dorf zum nächsten problemlos zu bewältigen und auf dem Rad riecht man den Duft der Jahreszeiten viel intensiver!

Sønderho wurde bereits zum ♥ schönsten Dorf Dänemarks gekürt. Die kleine Schwester Nordby hat vielleicht ein wenig neidisch geguckt, doch Sønderho ist wirklich ein ganz besonderer Ort! Das ursprüngliche Dorf mit seinen gleichförmigen, reetgedeckten Backsteinhäusern, die fast alle grüne Türen und weiße

Sønderho

Fenster haben, liegt am südöstlichen Ende der Insel, begrenzt durch einen inzwischen versandeten Hafen, der im 18. Jahrhundert zu den wichtigen Häfen an der Nordseeküste zählte. Im alten Dorfkern gibt es nur wenige befestigte Straßen. Grasbedeckte Fußwege, grønne sti, verbinden die Häuser seit ewigen Zeiten. In der ♥ Touristeninformation vor dem ♥ Fanø Kunstmuseum gibt es ein Faltblatt für einen Spaziergang durch die Pfade von Sønderho.

Die höchste Düne in Sønderho, der ♥ Kåverbjerg, ist gekrönt von einem hölzernen ♥ Seezeichen. Es ist ein Nachbau, der an das erste Seezeichen Dänemarks an dieser Stelle erinnert. Der ebenfalls historische Messpunkt auf dem Kåverberg hat in Zeiten von GPS keine Bedeutung mehr, doch die Aussicht von der Düne ist zeitlos schön! Von oben sieht man, wie weitläufig und gleichmäßig die Reetdachhäuser in ihren ♥ üppigen Blumengärten stehen, eingerahmt von Obstbäumen, Hecken und Heide. Selbst die Ferienhäuser am Sønderho Strandvej sind so gebaut, dass man rätselt, ob es sich um alte Fischerkaten oder doch um neu erbaute Ferienhäuser handelt!

Der Strand in Sønderho ist nicht so breit wie in der Inselmitte und kein idealer Badestrand. Dafür kann man bei Ebbe weit hinaus wandern und Austern oder Bernstein suchen. Nach Süden führt der Strand um die Inselspitze herum bis zum versandeten Hafen.

Den Ortseingang markiert die ♥ Sønderho Mølle aus dem 18. Jahrhundert, zu besonderen Festen wird hier noch heute gemahlen. Klassische Holzferienhäuser

↗ fanoe-kunstmuseum.dk

FANØ

Geschichte

Uldsnedkeren

stehen in den Dünen von Sønderho zwischen der Mühle und dem Strand, Reetdachhäuser werden im Ortskern und am Strandvej vermietet. Gemütliche Lokale
säumen die alten Dorfstraßen. Das Café ♥ Nanas Stue ist für seine Sammlung
historischer Wandfliesen berühmt, das ♥ Sønderho Iscafé und das ♥ Fajancen,
dessen Einrichtung an die wohlhabenden Kapitäne der alten Seefahrzeit erinnert, liegen Tür an Tür. Gegenüber führt ein Pfad zum ♥ Sønderho Kro, einem der
schönsten Restaurants an der dänischen Westküste. Alle Lokale haben herrliche
Außensitzplätze, im Sommer finden ab und an Konzerte statt. Leckeres Eis gibt
es auch bei ♥ Tre Søstre. Im Nachbarhaus gibt es Nippes und Kerzen und im
♥ Silken wird feinste Seidenmode geschneidert.

Hanne hieß die Kapitänswitwe, deren schmuckes Heim im Sommer als ♥ Han-
nes Hus einen Einblick in die Lebensbedingungen der Insulaner vor 200 Jahren
vermittelt.

Einkaufen kann man im Fischgeschäft, im Lebensmittelmarkt und am Gemü-
sestand Stens Grøntov, der auch Fahrräder vermietet. Die Sønderho Gårdbutik
verkauft Bio-Fleisch und Eier von der Insel. Alljährlich findet in Sønderho ein
überregionales ♥ Strickfestival statt. Bei der ♥ Uldsnedkeren gibt es Wolle und
Zubehöre in allen Farben der Natur. Die rote Backsteinkirche von Sønderho wirkt
von außen nicht sehr spektakulär, doch die schönen Holzverzierungen innen
und besonders die historischen Schiffsmodelle sind sehenswert!

Eine Attraktion für sich: Fanø Natur

Die ♥ Klitplantage zwischen Rindby und Sønderho bedeckt fast ein Viertel der
Inselfläche. Bunter Mischwald, heidebedeckte Dünen und grüne Wiesen und
kleine Seen bieten Platz für stundenlange Wanderungen und Radtouren, bei denen man die reiche Tier- und Vogelwelt hautnah erlebt. Rehwild und Kaninchen
gibt es erst seit wenigen Jahrzehnten hier, die Vögel kamen schon immer. Die

Entenkolonien am Wattenmeer waren früher ein Segen für arme Inselbewohner. Mit trickreichen Netzkonstruktionen, den sogenannten ♥ Fuglekøjer, wurden die Vögel in die Falle gelockt und bereicherten den Speiseplan in mageren Jahren. Heute sind zwei Fuglekøjer als kleine Freiluftmuseen erhalten. Der ♥ Pælebjerg ist mit 21 Metern die höchste Düne, zu seinen Füßen liegt ein Hundewald und der Startpunkt einer Mountainbikestrecke.

Naturerlebnisse

Mein Tipp

Unbedingt lohnenswert ist ein Besuch des **Fanø-Waldspielplatzes** nördlich des Pælbjergets. Die Spielgeräte entstanden aus den Bäumen der Plantage. Das weitläufige Terrain ist ideal zum Klettern und Verstecken. Ein echter Wohlfühlplatz für die ganze Familie, Grillplatz und Bollerwagen für Kind und Kegel inklusive!

Familien-urlaub

Kunterbunter Drachenhimmel

Ein besonderes Highlight ist das jährliche Drachenfestival. Jedes Jahr im Juni findet auf Fanø ein internationales ♥ Kiteflyer-Meeting statt. Tausende Drachen schweben dann über der Insel, für echte Drachenfans ist es ein Muss und für alle Schaulustigen ein Erlebnis.

Familien-urlaub

Am Donnerstagabend beginnt das Festival in der Reithalle von Rindby mit dem traditionellen Begrüßungstreffen, samstags findet eine Versteigerung rund um Kites und Winddrachen statt. Der Erlös kommt einer Hilfsorganisation für notleidende Kinder in Kolumbien zugute.

FANØ

FANØ **TIPPS**

 Familienurlaub

 Kunst und Handwerk

 Naturerlebnisse

 Geschichte

QR-Code scannen und weiterstöbern! Den kompletten Artikel zum Ort mit Strandfotos, interessanten Ausflugszielen und vielen Ferienhäusern gibt es hier.

Lage

Als – sanfte Hügel und dichter Wald

Die dänische Ostseeinsel Als liegt für deutsche Urlauber fast vor der Haustür. Die 33 Kilometer lange Insel ist ein kinderfreundliches Urlaubsziel mit rund 600 Ferienhäusern für jeden Geschmack. Schöne Strände, gut beschilderte Rad- und Wanderwege durch die Natur, ein spannendes Erlebniscenter und die malerische Stadt Sønderborg sorgen für abwechslungsreiche Urlaubstage.

Viele Ferienhausgebiete mit schönen Stränden

faergen-bitten.dk

Für einen Inselurlaub auf **Als** muss man kein Fährticket kaufen oder Abfahrtszeiten im Kopf behalten, denn die Insel ist durch ♥ zwei Brücken mit dem Festland verbunden. Wer für das wahre Inselgefühl die Überfahrt ♥ per Fähre vorzieht, kann im Norden von **Ballebro** nach **Hardeshøj** übersetzen. Die kleine Autofähre verkehrt tagsüber alle 30 Minuten zwischen dem Festland und Als.

Schöne Aussicht

Ferienhäuser für Gruppen

Wassersport

Die meisten Ferienhäuser stehen an der windgeschützten Südküste. Hier schließt sich auch die Halbinsel **Kegnæs** an, die man über einen Damm erreicht. Der Blick auf die ♥ Flensburger Förde von **Østerby** und **Sønderby** auf Kegnæs entschädigt dafür, dass es hier nur einen schmalen Strand gibt. Zwei Campingplätze versorgen alle Urlauber im Sommer mit Lebensmitteln, ♥ Den Gammle Stald verkauft Dekoartikel und Kunsthandwerk. Bei der Wahl eines neuen Ferienhauses sollte man die Nähe zum Nachbarn beachten, die großen ♥ Aktivitätshäuser in Sønderby stehen sehr dicht beieinander. Am Damm von Als nach Kegnæs steht ein schmucker Leuchtturm, nördlich vom Damm gleiten die ♥ Surfer über das Wasser. Der steinige Strand ist beliebt bei Anglern. Auf Als geht er vor dem Drejby Camping allmählich über in den besten Badestrand der Insel. **Kerneland Strand** ist ein herrlicher, recht breiter Sandstrand zwischen Drejby und **Skovmose**. Die Zufahrt zum großen Parkplatz mit WC und einem Kiosk ist ausgeschildert.

Mein Tipp

Die Bucht zwischen Kegnæs und Als heißt Hørup Hav, der größte Ort an der Südküste ist **Høruphav**. Hier gibt es große Supermärkte, eine Tankstelle und eine Glasbläserei. Auf dem Weg lohnt ein Blick auf die schmucken Reetdachhäuser an der **Vibæk Mølle**. Die Wassermühle wird im Sommer und zu besonderen Festtagen geöffnet.

Kærneland
Strand

Skovmose ist das größte Ferienhausgebiet auf Als. Vor den Häusern im Westen ist der Strand noch recht breit, nach Osten hin wird er steinig und schmal, eher zum Laufen als zum Baden geeignet. Einen Supermarkt, eine Tankstelle und ein Gasthaus gibt es in **Skovby**. In **Mommark** an der Ostküste ist der Strand direkt am ♥ Jachthafen Mommark besonders fein und sandig, aber auch recht offen zum Wind. Das Hafenbistro öffnet ab Ostern und Mommark Charterboot vermietet Motorboote für den Angelausflug. Wer noch Tipps für das beste ♥ Angelrevier benötigt, kann auch ein Guiding buchen. Die Ferienhäuser von Mommark stehen weiter südlich in einem Waldstück. Der steinige Strandabschnitt ist recht beliebt, weil er so idyllisch unter dem Wäldchen liegt und das Wasser schön flach ist. Mit aufmerksamem Blick und einem Eimer für die vielen Muscheln und Steinfunde kann man sich prima beschäftigen! Sehr steinig ist auch die Küste vor **Nr. Kettingskov**. Etwas feinen Sandstrand gibt es in **Fynshav** und vor allem in **Købingsmark** im Norden der Insel. Vor den Ferienhäusern ist der Strand schmaler, am breitesten Strandabschnitt liegt ein großer Parkplatz. Recht neu ist die kleine Ferienhaussiedlung am **Lavensby Strand**, wo fast alle Häuser Meerblick bieten.

Boote und Häfen

Angeln

ALS

Städte und Ausflugsziele

Als hat etwa 50.000 Bewohner, von denen mehr als die Hälfte in ♥ Sønderborg lebt. Sønderborg ist eine wirklich malerische Stadt mit einem ♥ farbenfrohen Hafen, umgeben von mehrstöckigen, pastellfarbenen Kaufmannshäusern. Weiße Jachten und bunte Fischerboote liegen an der Kaimauer. Neben der Hafenausfahrt steht das imposante ♥ Schloss Sønderborg, in dem das Museum zur Geschichte Südjütlands untergebracht ist. Berühmt sind die ♥ Ringreiterspiele, die alljährlich im Juli vor dem Schloss ausgetragen werden. Ähnliche Reiterspiele, wenn auch viel kleiner, finden in fast allen Orten auf Als und dem angrenzenden Südjütland statt.

Geschichte

Augustenborg

Ein weiteres Schloss steht in **Augustenborg** am Ufer des gleichnamigen Fjordes, nur wenige Kilometer von Sønderborg entfernt. ❤ Schloss Augustenborg beherbergt eine Behörde, doch der Schlosspark mit der Kunstausstellung ❤ Augustina steht Besuchern offen.

Kunst im Park

Die zweite Stadt auf Als liegt ganz im Norden und heißt daher folgerichtig **Nordborg**. Sie kann natürlich auch mit einem Schloss aufwarten, das heute eine Schule beherbergt. Sie steht am Ufer des schönen Nordborg See, der wegen seiner Größe auch Langsee genannt wird. In Nordborg gibt es ein paar Geschäfte und ein Schwimmbad, im Sommer feiert die Stadt ein lokales Musikfestival. Am Oksbølvej gibt es einen Hundewald.

Nordborg ist die Heimat der Danfoss A/S, einem weltweit führenden Unternehmen für Wärme- und Kältetechnik. Es hat hier nicht nur Arbeitsplätze geschaffen, sondern auch das spannende ❤ Universe gegründet. Dieser Erlebnispark zum Staunen und Mitmachen rund um Naturwissenschaft und Technik ist ein Publikumsmagnet, für den man ruhig mehrere Besuche einplanen kann. Schon auf dem Parkplatz darf man Kräfte – oder Köpfchen – einsetzen, um ein Auto mit einer Hand hochzuheben. Die Hauptattraktionen sind der ❤ Blå Kube (Blaue Würfel) mit einem 18 Meter hohen Geysir oder die Reise durch den menschlichen Körper. Auch die Segway-Bahn kommt bei den Besuchern sehr gut an.

Familienurlaub

Wenig bekannt und daher umso idyllischer sind die Sehenswürdigkeiten westlich von Nordborg: das malerische Badehotel in **Dyvig Havn**, das histo-

rische Hjortspringbådet und der Jollemands Gård in **Holm** oder der kleine Hafen von **Mjels**, wo ein Naturcenter zur Vogelbeobachtung einlädt.

Wandern und Radfahren

Der größte Teil von Als wird landwirtschaftlich genutzt. Weite Felder und Wiesen bedecken das Land und bilden eine schöne Kulisse für Radtouren, vor allem im flachen Süden der Insel. Der Norden von Als ist ein typisches Überbleibsel der Eiszeit mit vielen Seen und kleinen Hügeln. Hier leben zahlreiche Vogelarten, es lohnt sich, ein Fernglas mit auf die Wanderung zu nehmen. Ganz im Norden von Als liegt der Ort **Augustenhof**, umgeben von Feldern und vereinzelten Höfen.

Von Købingsmark zum kleinen ♥ Leuchtturm Augustenhof schafft man die Radstrecke auch gut mit Kindern. Am Campingplatz können sich die Kleinen dann mit einem Eis für die Rückfahrt stärken.

Das ♥ Waldgebiet Nørreskov ist ein fast zehn Kilometer langer Küstenwald an der Ostküste mit zahlreichen, beschilderten Wanderrouten und imposanten Steinzeitmonumenten. Angler schätzen den langen, steinigen Strand vor dem Wald wegen seiner ungestörten Lage.

Wandern & Radfahren

Zum Baden lädt ein kleines, wirklich schönes Stückchen Sandstrand am Naldmose Strand Camping bei Fynshav ein. Der Alsen-Pfad zeigt die ganze Naturschönheit der Insel. Er führt auf etwa 60 Kilometern Länge vom Fähranleger Hardeshøj durch die Seenlandschaft und den Nørreskov nach Fynshavn und von dort nach Mommark und Drejby am Damm nach Kegnæs.

ALS

ALS **TIPPS**

 Boote und Häfen

 Familienurlaub

 Wandern & Radfahren

 Geschichte

QR-Code scannen und weiterstöbern! Den kompletten Artikel zum Ort mit Strandfotos, interessanten Ausflugszielen und vielen Ferienhäusern gibt es hier.

Lage

Ærøskøbing

Ærø – Insel der Seefahrer

Ærø klingt nach Luft und Leichtigkeit, nach Wind und hellen Farben. Die Ostsee-insel im südfünischen Inselmeer ist vor allem unter deutschen Seglern als „Perle der dänischen Ostsee" bekannt. Auch das Herz von Hobbyfotografen lässt Ærø höher schlagen – so viele malerische Winkel gibt es hier. Wanderer und Radfah-rer erwarten gut beschilderte Pfade mit wunderbarer Aussicht.

Malerische Ferienhäuser warten

Lieblingsziel vieler Segler

Ærø ist nicht nur für ♥ Segler, sondern auch für Ferienhausliebhaber ein echter Geheimtipp. Wer die Kombination aus hügeliger Bauernlandschaft und bunten Dörfchen schätzt und sich fernab vom üblichen Touristenrummel wohlfühlt, ist auf Ærø genau richtig. Die ♥ Ferienhäuser auf Ærø sind ganz besonders: kleine Stadthäuschen, alte Mühlen oder umgebaute Höfe warten auf Gäste. Von außen haben sie sich den Charme der alten Zeit bewahrt, aber von innen sind die meisten Angebote modern ausgestattet. Ein Drittel dieser liebevoll renovierten Unterkünfte bietet sogar einen wunderbaren Meerblick über die blaue Ostsee. Ærø ist auch als

Heiraten im Herzensland

♥ Hochzeitsinsel sehr beliebt, denn hier stehen romantische Ferienhäuser für das Brautpaar und dazu passende, größere Ferienhäuser für Freunde und Verwandte.

Seefahrertradition und schmale Gassen

Bunte Fachwerkhäuschen, verwinkelte Kopfsteinpflastergassen, urige Läden und jede Menge ♥ Stockrosen bestimmen das Stadtbild von **Ærøskøbing**. Die gepflegten Fachwerkhäuser aus dem 17. und 18. Jahrhundert erinnern an die Zeit, als die Inselhauptstadt noch ein florierender Handelsort war. Damit das Stadtbild erhalten bleibt, unterliegt die ganze Stadt strengen Richtlinien für die Stadtentwicklung. In diesen ist genau festgelegt, wie und was neu gebaut werden darf. Wer in Ærøskøbing herumspaziert, kommt sich vor wie in einem Freilichtmuseum: Jeder Stadtbummel ist wie ein Gang durch die Vergangenheit. Dort, wo die roten Dannebrogs im Wind flattern, lädt ♥ Den gamle Købmandsgaard zum Stöbern ein. Hier bekommt man lokale Produkte in stimmungsvoller Atmosphäre. Neuerdings wird nebenan Whisky destilliert, für die kleine Produktion gibt es lange Wartelisten.

Blühende Häuserfronten

Marstal ist mit seinen rund 4.000 Einwohnern die größte Stadt der Insel. Sie steht ganz im Zeichen ihrer ♥ Seefahrertradition. Einst liefen hier stattliche Dreimaster vom Stapel. Ein gemütliches Städtchen, das geprägt ist vom Hafen mit seinen Jollen und Jachten. Das ♥ Marstal Søfartsmuseum umfasst eine der größten maritimen Sammlungen Dänemarks, darunter an die 200 Schiffsmodelle, aber auch jede Menge Skurrilitäten, die die Seefahrer auf ihren Reisen gesammelt haben.

Boote und Häfen

Geschichte

Der Fischerort **Søby** – im Nordwesten der Insel – ist die kleinste der drei Städte auf Ærø und gut geeignet als Ausgangspunkt für Entdeckungstouren in das Naturgebiet **Vitsø Nor** oder zum Leuchtturm Skjoldnæs.

Ein hübsches Fleckchen ist der ♥ Søbygaard aus dem 16. Jahrhundert. Er wurde auf zwei künstlichen Inseln errichtet und erinnert daran, dass Ærø bis ins 19. Jahrhundert zum Herzogtum Südjütland gehörte.

Die vielen kleinen Dörfer der Insel reihen sich wie Perlen entlang der Landstraße und sind unbedingt einen Abstecher wert. Hübsche, alte Steinmauern und Hecken umgeben die Höfe, hier und da lugt eine Kirchenspitze zwischen knorrigen, alten Bäumen hervor. In einigen Dörfern haben sich ♥ Kunsthandwerker niedergelassen und präsentieren ihre Werke. Häufig trifft man auf kleine Scheunenflohmärkte und das eine oder andere ♥ Hofcafé lockt mit hausgebackenem Kuchen.

Kunst und Handwerk

Geschichte

Wie überdimensionale Puppenstuben wirken die bunten ♥ Badehäuschen am Strand von Marstal, **Eriks Hale** und am **Vesterstrand** von Ærøskøbing. Die „Badehuse" – so heißen sie auf Dänisch – befinden sich in Privatbesitz und werden von Generation zu Generation weitervererbt. In ihrer Farbenpracht sind sie ein unvergesslicher und weit sichtbarer Beleg für die Traditionen und den einstigen Wohlstand dieser Insellandschaft.

Mein Tipp:

Der **Jachthafen** von **Marstal** ist einer der meistbesuchten in ganz Dänemark. Viele hundert Segelboote liegen im Sommer hinter einer schützenden Steinmole. Wer hier den Duft der großen, weiten Welt schnuppern will, sollte den Picknickkorb nicht vergessen. Es gibt überdachte Grillhütten und für die Kleinen einen ausgezeichneten Spielplatz. Vom Hafen hat man den besten Blick auf die Badehäuser am Eriks Hale.

Wandern und Radfahren

Ærø hat historisch interessierten Gästen einiges zu bieten. Südwestlich von Søby, an dem ♥ Wanderweg Vitsø Nor, erhebt sich der ♥ Ringwall Søby Volde, in dessen Mitte bis zum 13. Jahrhundert eine Burg stand. Noch heute befindet sich dort der Herrenhof Søbygaard aus dem 16. Jahrhundert, der in den 1990er Jahren nach und nach restauriert wurde. Das Anwesen kann ebenso wie die Wallanlage von Ostern bis Mitte Oktober besichtigt werden. An mehreren Orten sind ♥ Relikte aus der Vorzeit der Insel zu sehen, so zum Beispiel die gut erhaltenen Ganggräber Kragnæs und der 5.000 Jahre alte Langdolmen nahe des Dorfes **St. Rise**, historische Schmuckstücke in einer reizvollen Umgebung.

Aussicht über das Inselmeer

Auch der Leuchtturm ♥ Skjoldnæs Fyr im Nordwesten lohnt einen Besuch: Der 22 Meter hohe Turm gilt als einer der schönsten Leuchttürme des Landes. Wem die engen Treppen nichts ausmachen, der sollte bei klarem Wetter unbedingt die 57 Stufen nach oben klettern – von der Plattform aus hat man eine einzigartige Aussicht über das südfünische Inselmeer.

Radwanderungen: Ein Paradies für Pedalritter

🚲 bike-erria.dk

Viele Orte lassen sich am besten auf zwei Rädern entdecken. Die markierten ♥ Fahrradrouten liegen fernab der Hauptstraßen und sind wenig befahren. Allerdings ist Ærø nichts für Gelegenheitsradfahrer, denn auch Steigungen

*Badehäuser
Eriks Hale*

müssen einkalkuliert werden. Dafür geht es aber auch von einem herrlicher Inselpanorama zum nächsten.

Die meisten Strecken verlaufen entlang der ♥ zerklüfteten und wilden Ufer. Sie laden ein zu einem Picknick in den versteckten, kleinen Sandbuchten. Größere Waldgebiete wird man auf Ærø vergeblich suchen, der fruchtbare Boden der Insel wurde fast komplett in Äcker und Wiesen umgewandelt. Imposant und grün ragt die 3,5 Kilometer lange ♥ Steilküste Voderup Klint an der unbesiedelten Westküste empor. Zum steinigen Ufer führen Treppen hinab, von oben ist der Blick aber fast schöner! Das Gebiet steht unter Naturschutz. Die Klippen rutschen immer wieder terrassenförmig zum Meer hinab, eine geologische Besonderheit durch den Tongehalt in den Erdschichten.

ÆRØ

Naturerlebnisse

ÆRØ **TIPPS**

 Boote und Häfen

 Wandern & Radfahren

 Geschichte

 Kunst und Handwerk

QR-Code scannen und weiterstöbern! Den kompletten Artikel zum Ort mit Strandfotos, interessanten Ausflugszielen und vielen Ferienhäusern gibt es hier.

Lage

Südfünen – märchenhafter Inselurlaub

Der südliche Teil der Insel Fünen von Middelfart bis Svendborg begeistert mit seiner abwechslungsreichen, grünen und teilweise sehr hügeligen Landschaft. Das Schloss Egeskov ist eine der dänischen Topattraktionen. Aber es ist nur eines von vielen sehenswerten Herrenhäusern auf Fünen. Auch die malerische Stadt Svendborg und die vorgelagerten Inseln lohnen den Besuch.

Schöne Aussicht in hügeliger Umgebung

Mit den besten Stränden kann **Südfünen** zwar nicht auftrumpfen, dafür ist die Landschaft umso schöner, vor allem rund um die Hafenstadt **Svendborg** oder auf **Helnæs**. Auf das hügelige Helnæs führt ein Damm, der Richtung Westen eine geschützte Bucht bildet. Dort treffen sich Windsurfer, die mit ihren bunten Segeln vor der imposanten, bis zu 30 Meter hohen Hügellandschaft kreuzen. Ein langer Steinstrand vor dem Naturschutzgebiet Helnæs Maden und der weiße Leuchtturm Helnæs Fyr bilden die Westküste, die Ferienhäuser stehen im Nordosten,

Urlaub mit Hund

wo die Küste etwas sandiger ist. Vor Helnæs liegt ♥ Å Strand, einer der besten Strände von Südfünen mit einem eigenen Bereich für Hundespaziergänge ohne Leine.

Gut zu wissen

Die wunderschöne, waldreiche Landschaft macht Südfünen zu einem attraktiven Ausflugsziel. Die **Strände auf Südfünen** sind alle nicht der Rede wert, doch es gibt ein paar hübsche Sandbuchten, oft abseits der Ferienhausgebiete. Wer Sandstrand und flaches Badewasser sucht, sollte sich unbedingt **vorab informieren**.

Kunst und Handwerk

Die Hafenstadt **Faaborg** Land lockt mit einem lebendigen Hafen und einer sehr gut erhaltenen Altstadt. Das ♥ Stadtmuseum in einem alten Kaufmannshof oder der geführte Rundgang mit dem Hafenwächter geben einen Einblick in das Leben der letzten Jahrhunderte. Das sehenswerte ♥ Kunstmuseum von Faaborg ist auf Initiative eines Fabrikanten Anfang des 20. Jahrhunderts entstanden. Neben den Werken der sogenannten „Fynboerne", einer dänischen Künstlergruppe aus dem 19. Jahrhundert, zeigt es wechselnde Sonderausstellungen. Am Feriencenter Faaborg Klinten gibt es einen Strandpark mit Sandstrand, einem Eishäuschen und Spielgeräten.

Schloss Egeskov

Westlich von Faaborg liegt das Ferienhausgebiet **Nab** mit markanten, zweistöckigen Ferienhäusern an einem Hang mit tollem Meerblick. In **Horne**, westlich von Faaborg, steht die imposante ♥ Horne Kirke, in der der Film "Adams Äpfel" mit Mads Mikkelsen gedreht wurde. Rund um die **Horne** soll es gute Angelplätze geben, zum Baden sind die steinigen Strände nicht so ideal. Am ♥ Campingplatz in Bøjden steht das Schwimmbad auch Tagesgästen zur Verfügung. Westlich von Bøjden legt die ♥ Fähre nach Fynshavn auf Als ab. Mit ihr spart man einige Kilometer Autofahrt im Vergleich zur Fahrt über die Autobahn von Jütland aus.

Familienurlaub

SÜDFÜNEN

Schlösser und Herrenhäuser

Für kleine Prinzen und Prinzessinnen ist Südfünen ein Traum – hier gibt es wahrscheinlich mehr Schlösser als im Märchenland! Das größte und bekannteste Schloss ist das ♥ Renaissanceschloss Egeskov aus dem 16. Jahrhundert. Um dieses Anwesen gruppiert sich ein ganzer ♥ Freizeitpark, der im Sommer und auch während der Herbstferien geöffnet ist. Im Park gibt es viele Spielplätze, verschiedene Blumengärten, einen Baumwipfelpfad und eine ganze Sammlung spannender ♥ Museen, zum Beispiel das Falck Museum mit alten Rettungswagen, ein Motorradmuseum, ein Kaufmannsmuseum oder ein Oldtimermuseum. Im Sommer ist der Park an manchen Tagen bis 23 Uhr geöffnet. Für schwere Beine stehen Handwagen und Elektrobuggys zur Verfügung, für den hungrigen

Familienurlaub

Svendborg
Hafen

Magen verschiedene Gaststuben. Mit einer Führung darf man das Schloss auch von innen besichtigen. Die Zimmer wurden zum Teil mit Originalmobiliar aus dem Familienbesitz des Eigentümers renoviert.

Der Palast der Elfenkönigin

Das ❤ Miniaturschloss Titanias Palace hat hier eine fürstliche Heimat gefunden. Der kleine Palast mit 18 Zimmern wurde Anfang des 20. Jahrhunderts auf Wunsch einer jungen Lady für die Königin der Elfen gebaut. Mit mehr als 3.000 Miniaturen und kleinen Kunstschätzen hat Sir Nevile Wilkinson das prächtige Puppenhaus für seine Tochter eingerichtet. Andere Schlösser auf Fünen wurden ebenfalls in

Geschichte

❤ Museen umgewandelt, so zum Beispiel Schloss Nyborg, das derzeit aufwändig restauriert wird, oder das Schloss Krengerup bei **Assens** mit einem ❤ Webereimuseum und dem ❤ Skoda Museum. Auch in Assens gibt es zwei schmucke Museen: Das Wohnhaus des Fabrikanten ❤ Ernst mit einem romantischen Garten und den ❤ Willemoesgården, ein historisches Fachwerkhaus, das dem Leben eines dänischen Seeoffiziers gewidmet ist. Technischer geht es im alten Zollamt zu, wo die Geschichte des Hafens erzählt wird.

Das Tor zum südfünischen Inselmeer

Svendborg ist die zweitgrößte Stadt auf Fünen und aufgrund ihrer Lage vielleicht auch die schönste. Die lebendige Altstadt mit einer tollen Fußgängerzone und einigen prächtigen Fachwerkhöfen liegt auf einem Hügel, der Hafen schmiegt sich in eine Bucht zwischen die zahlreichen, vorgelagerten Inseln. Die größte von ihnen ist **Tåsinge,** wo man vom Kirchturm der Bregninge Kirche die beste Aussicht auf den Archipel vor **Svendborg** hat. Die meisten Ferienhäuser in Tåsinge stehen im grünen Nordosten. Ein romantisches Örtchen ist das Dorf Troense, nördlich vom Schloss Valdemar.

Mit Kindern sollte man in Svendborg unbedingt das ♥ Naturama besuchen, ein beeindruckendes, zoologisches Museum über die Tierwelt in Nordeuropa, die multimedial in Szene gesetzt wird. Wenn man anschließend noch einen Abstecher zum ♥ Christiansminde Strand einplant, können sich die Kinder ordentlich austoben oder ein Bad im klaren Wasser nehmen. Vom Hafen legen vier Fähren auf die vorgelagerten Inseln ab, wer nach ♥ Langeland möchte, nimmt die Brücke über Tåsinge.

Familienurlaub

Strandpark

Mehr auf S. 166

Waldabenteuer in den „Alpen" Fünens

Im Süden von Faaborg liegen die fünischen Alpen, wie das ♥ Naturgebiet Svanninge Bjerge in Dänemark mit einem Augenzwinkern genannt wird. Die bis zu 110 Meter hohen und teilweise bewaldeten Hügel ziehen sich bis zur Halbinsel Horne Land und sind auch beim Durchfahren eine Augenweide. Der Naturspielplatz an der Straße ♥ Rallebæksgyden lockt mit einer Seilbahn und vielen Kletterabenteuern ganz sicher alle Kinder in die Natur.

Naturerlebnisse

Familienurlaub

Für den ♥ Gorilla Park hinter dem Gutshaus Skjoldmose in Stenstrup muss man ein Ticket kaufen. Mit Helm und Karabinern turnt man in luftiger Höhe über Hängebrücken und Hochseilgärten.

An der Ostküste von Südfünen zwischen Svendborg und Nyborg reiht sich ein kleines Ferienhausgebiet an das nächste. Alle Strände sind schmal und steinig, aber es gibt überall Badestege, ab und an einen Campingplatz mit Gastronomie und überall eine herrliche Aussicht auf den Großen Belt. Das ♥ Badeland im Bøsøre Ferienpark hat das ganze Jahr über geöffnet und im Sommer lohnt ein Badeausflug zum breiten, sandigen ♥ Nyborg Strand unter der Große-Belt-Brücke.

Badespaß

SÜDFÜNEN (vertikal am Rand)

SÜDFÜNEN TIPPS

 Naturerlebnisse

 Kunst und Handwerk

 Familienurlaub

 Lokale Spezialitäten

QR-Code scannen und weiterstöbern! Den kompletten Artikel zum Ort mit Strandfotos, interessanten Ausflugszielen und vielen Ferienhäusern gibt es hier.

Lage

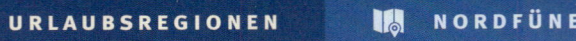

Hasmark Strand

Nordfünen – maritimes Zentrum der Ostsee

Der Norden der Insel Fünen bietet alles, was zum maritimen Urlaubsspaß gehört: weiße Sandstrände, gemütliche Ferienhäuser direkt am Wasser, mehrere Jachthäfen und gute Angelgebiete. Im Meeresaquarium in Kerteminde erlebt man die Unterwasserwelt hautnah und in seiner Heimat Odense ist der Märchendichter Hans Christian Andersen allgegenwärtig.

Schöne Badestrände an der Nordküste

Die Küste vor **Hasmark** und **Tørresø**, Fünens älteste und bekannteste Ferienhausregion, verwöhnt die Urlauber mit einem kilometerlangen, weißen Ostseestrand. Das Besondere an diesem Strandabschnitt sind kleine Ferienhäuser, die auf Stelzen direkt an den Deich gebaut wurden. Sie haben garantiert Meerblick! Die meisten Ferienhäuser stehen hinter dem Deich, zum Strand sind es aber nie mehr als 500 Meter. Der Strandvejen mit dem großen Hasmark Campingplatz ist das Zentrum der Siedlung. Ein lustiges ♥ Schwimmbad im Wikingerstil, ein Fahrradverleih und eine Pizzeria auf dem Platz stehen auch Ferienhausgästen offen. Im Sommer öffnet der Strandimbiss, die öffentlichen Grillplätze am Badeplatz Strandoase darf man kostenlos nutzen. Die Ferienhaussiedlung zieht sich ununterbrochen von der Landzunge Enebærodde bis nach Tørresø, begleitet von einem befestigten Deichweg und dem langen Sandstrand. Westlich von Tørresø wird der Strand steiniger, bis er dann am ♥ Naturschutzgebiet Flyvesandet nur noch aus Steinen besteht. Der Sand in Flyvesandet, Fünens einzige Dünenlandschaft, ist unter bunten Blumenwiesen und Heide verborgen. Nur ganz im Westen blitzt ein wenig Sand zwischen den Kieseln hervor. Am Strandparkplatz Flyvesandetvej geht es in den umzäunten ♥ Hundewald.

Bogense ist der einzige, größere Hafen an der Küste von Nordfünen mit einer schicken, neu gestalteten Mole. Die malerische Altstadt rund um die Kirche und die hübsche Einkaufsstraße mit ein paar Geschäften wird Romantikern gefallen, die neu gestaltete Østre Mole am Hafen spricht auch Freunde moderner Architektur an. Typisch dänisch, so kann man diesen Ort beschreiben. Badestrand gibt es kaum, aber eine barrierefreie Badestelle am Østre Havnevej mit Umkleiden, Duschen und einem Sandkasten. Dahinter öffnen im Sommer Cafés und eine Boutique. An der Marina gibt es ebenfalls Gastronomie, einen Spielplatz und etwas Sandstrand. Die Ferienanlagen, sehr dicht stehende Häuser mit Ferienwohnungen, und ein Schwimmbad grenzen an den Yachthafen.

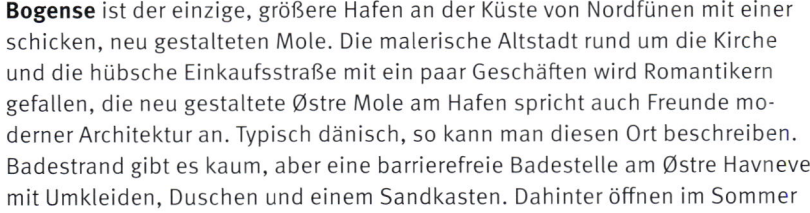

Das Meer zwischen Bogense und Hasmark ist sehr flach, zahlreiche Buchten und vorgelagerte Inseln und Sandbänke prägen die Küste. Für den Besuch der Insel **Æbelø** braucht man bei Ebbe nur Gummistiefel, die renaturierten Lagunen am ♥ Gyldensteen Strand kann man auch mit dem Rad erkunden.

Westlich von Bogense beginnt die Bucht **Båring Vig**. **Skåstrup Strand** ist ein flacher Naturstrand, vor **Bro Strand** erhebt sich das Ufer zu einer Steilküste, Treppen führen zum eher steinigen Strand. Richtig flach und sandig ist es in der Mitte der Bucht zwischen dem Båring Skov und **Vejlby Fed**.

Bogense

Am Båring Strand gibt es einen Surfspot und eine Slipanlage, für Badegäste ist es rund um den Campingplatz Vejlby Fed besonders schön. Hier gibt es auch Toiletten, einen Spielplatz und einen Kiosk mit Eis und Snacks. Die Städte **Strib** und **Middelfart** an der Brücke zum Festland bilden das Tor von Fünen nach Jütland. Middelfart ist eine gemütliche Hafenstadt mit Kultur- und Shoppingangeboten. Im benachbarten Strib stehen einige Ferienhäuser mit Meerblick am Dæmningen. Sehenswert sind die Steilküste ♥ Røje Klint und der weiße Strand vor dem ♥ Kasmose Skov, dort stapeln sich umgestürzte Bäume auf dem Sand – ein herrliches Kletterabenteuer für Kinder! Beide Strände sind nicht barrierefrei.

Naturerlebnisse

Fyns Hoved und die Hafenstadt Kerteminde

Kerteminde ist ein idyllisches Hafenstädtchen an der Ostküste von Nordfünen. Der Hafen von Kerteminde ist der größte Fischereihafen auf Fünen, sehenswerter ist aber das Forschungs- und Erlebniscenter ♥ Fjord & Bælt. Im Unterwassertunnel kann man Schweinswale beobachten und in den mehr als 20 Aquarien lernt man allerlei original dänische Meeresbewohner kennen. Das ♥ Johannes Larsen Museum ist ein schmuckes Kunstmuseum, schon zu Lebzeiten des Malers war das Haus ein beliebter Treffpunkt für Fünens Künstler. Es steht oberhalb des herrlichen Badestrands an der Marina. Hier treffen sich im Sommer die Badegäste, schlecken ein Eis oder vertreiben sich die Zeit auf der Minigolfbahn.

Familienurlaub

Kunst und Handwerk

Die Landzunge **Hindsholm** markiert die Nordspitze Fünens, den ♥ Fyns Hoved. Dort findet man zahlreiche ♥ Angelreviere für Meerforellen. Landschaftlich ist Hindsholm mit seinen Hügeln und schmalen Landzungen wesentlich interessanter als das flache Land um Bogense, auch wenn die Strände vor den naturschönen Ferienhaussiedlungen fast alle steinig sind. Nur der ♥ Bogensø Strand südlich von **Langø** und die Küste östlich vom Campingplatz Fyns Hoved sind sandig. Beide erreicht man über einen schmalen Fußweg zwischen den Wiesen. In **Mesinge** gibt es einen Supermarkt und das urige ♥ Café Kirkeladen, in **Måle** öffnet im Sommer die Hindsholm Røgeri ihren lauschigen Garten.

Angeln

In der Stadt **Nyborg** beginnt die Große Belt Brücke nach Seeland. Der lange Sandstrand nördlich der

Odense
Altstadt

Brücke ist ein beliebtes Ausflugsziel, einsam und idyllisch ist der Strand vor dem Teglværkskoven. Das ♥ Nyborg Schloss kann man wegen der Sanierungsarbeiten nur von außen bewundern, doch die Wallanlagen und der Wasserturm sind geöffnet. Angler treffen sich am Steinstrand von Knudshoved, südlich der Brücke.

Odense, die Heimat von Hans Christian Andersen

Die Inselhauptstadt **Odense** ist eine der größten Städte Dänemarks und Heimat des Märchendichters Hans Christian Andersen. In der Altstadt stehen noch heute winzige Häuser aus den Kindertagen des Dichters. Das neue ♥ H. C. Andersens Hus ist ein Gesamtkunstwerk, das die Geschichten des Schriftstellers mit allen Sinnen erlebbar macht. Der ♥ Møntergården und das ♥ Fünische Dorf (Den Fynske Landsby) sind ebenfalls spannende Museen für Familien, in beiden steht die Insel mit ihren Bewohnern im Mittelpunkt. Tierisch geht es im ♥ Odense Zoo zu. Er liegt an der Odense Å, ebenso wie das Fynske Landsby. Im Sommer fährt ein Ausflugsdampfer vom Zentrum zu beiden Attraktionen.

Familienurlaub

Geschichte

Odense Dom

Kunstfreunde sollten das ♥ Kunstmuseum Brandts und die umliegenden Gassen im Latinerkvarteret besuchen. Das Zentrum von Odense ist in einem aufwändigen Bauprozess zu einer fußgängerfreundlichen Zone umgestaltet worden, deren Blickfang das neue Andersen Museum ist. Mit Kindern lohnt sich auch der Weg durch den Park an der Odense Å, er ist gesäumt von Spielplätzen für jedes Alter, die alle an Andersens Märchen erinnern.

Kunst und Handwerk

Mein Tipp

Middelfart und die angrenzende grüne Halbinsel mit dem herrlichen **Hindsgavl Schloss** begeisterten schon Hans Christian Andersen. Über die alte Lillebæltsbro, einer Stahlbrücke aus den 20er Jahren, fährt man direkt hinein in einen üppigen Buchenwald rund um das Schloss, der verschiedene Sport- und Naturerlebnissen bietet.

NORDFÜNEN **TIPPS**

 Angeln

 Boote und Häfen

 Familienurlaub

 Naturerlebnisse

 QR-Code scannen und weiterstöbern! Den kompletten Artikel zum Ort mit Strandfotos, interessanten Ausflugszielen und vielen Ferienhäusern gibt es hier.

Lage

NORDFÜNEN

Ristinge
Strand

Langeland – Anglerglück und wilde Pferde

Die schmale Insel Langeland zwischen Fünen und Lolland ist lang, aber nicht langweilig! Dünen und eine imposante Steilküste bei Ristinge, die Wildpferde bei Bagenkop, Schloss Tranekær, gute Angelreviere oder die zu Kunsttürmen umgebauten Trafohäuschen sind nur einige Besonderheiten der schönen Insel.

Bunte Häfen und Badestrände

Wer nach Langeland reist, wird begeistert sein von der grünen, hügeligen Landschaft, den schmucken Bauernhöfen und der abwechslungsreichen Natur dieser Insel. An der Westküste vor dem Ristinge Klint, in Spodsbjerg oder in Bukkemose stehen die meisten Ferienhäuser, aber auch in den kleinen Hafenstädtchen Bagenkop und Lohals gibt es tolle Feriendomizile. Für Angler ist Langeland eines der beliebtesten Ziele in Dänemark. Hier soll es die ❤ fischreichsten Gewässer geben und natürlich gibt es das passende Zubehör: anglerfreundliche Ferienhäuser, Angelgeschäfte und Charterboote.

Angeln

Bukkemose im Nordwesten besteht aus zwei Siedlungen vor dem Langeland Golfclub. Die Slipanlage und der steinige Sandstrand liegen im Norden, vor Øs-

terskov im Süden gibt es nur eine schmale Steinküs-
te. In **Bagenkop** an der Südspitze von Langeland
wurde der Fischereihafen um einen schön
gestalteten ❤ Freizeithafen erweitert. Hier
herrscht lebendige Hafenatmosphäre! Die
beliebten Ferienwohnungen am Kai stehen
zwischen Segeljachten und der benachbarten, langgezogenen Sandbucht.

Boote und Häfen

Im Ort gibt es einen Supermarkt, im Sommer öffnet an der Mole ein Imbiss mit Eis
und Souvenirs. Das ❤ Fischgeschäft öffnet
auch im Winter, es gibt ein Fischereimuseum und
der ❤ Angelshop vermietet auch Boote. Am Hafen
wird in den Sommermonaten von Zeit zu Zeit ein Markt veranstaltet oder es gibt ❤ Livemusik für gute Laune.

Angeln

Rudkøbing und **Spodsbjerg** markieren die Mitte der Insel. Am flachen, manchmal
steinigen Strand von Spodsbjerg im Osten stehen viele, strandnahe Ferienhäuser.
Hier kann man die ❤ Fähre nach Lolland ablegen sehen oder selber mit einem
❤ Kutter zum Angeln hinausfahren. Am Hafen gibt es ein Fischrestaurant und
einen ❤ Bootsverleih mit Angeltipps. Rudkøbing, die größte Stadt auf Langeland,
liegt im Westen an der Brücke, die Langeland mit Tåsinge und ❤ Südfünen verbindet. Neben dem Fischereihafen liegt eine Marina mit Ferienwohnungen, die
schmucke Altstadt lädt zum Bummeln ein.

Mehr auf
Seite 156

Wer Strandurlaub mit Dünen und flachem Badewasser liebt, sollte ein Ferienhaus auf der Halbinsel **Ristinge** buchen.
❤ Ristinge Strand gehört zu den schönsten
Küstenstreifen der Ostseeinsel. Der
etwa zehn Kilometer lange, feine
Sandstrand mit flachen Dünen erstreckt sich vom Hesselbjerg Strand
bis hin zur Steilküste am Ristinge
Klint. Die Ferienhäuser stehen
sichtgeschützt zwischen üppigem
Grün, am Strand gibt es Parkplätze mit Toiletten. Am winzigen
❤ Ristinge Hafen bekommt man im
Sommer frischen Fisch, alles andere
bekommt man in **Humble**.

Beste
Strandbe-
dingungen

Boote und
Häfen

LANGELAND

An der Westküste liegt die künstlich angelegte ♥ Marina Dageløkke. Die Ferienhäuser in **Dageløkke** gehören zu einem Feriencenter. Allen Gästen der Anlage stehen Fischreinigungsplätze, Spielmöglichkeiten und im Winter eine Indoorspielhalle zur Verfügung. Im Sommer öffnet am Hafen ein Restaurant.

Der lange Sandstrand von **Stoense** und der Badeplatz am Nordstrandsvej bieten in **Lohals** sommerliche Badefreuden und gute Bedingungen für ♥ Surfer. Am nördlichsten Punkt der Insel hinter einem dichten Laubwald liegt die kleine Ferienhaussiedlung Nordstrand, eine Oase der Ruhe mit einem flachen, sandigen Strand. Der ♥ Fischerhafen Lohals wird im Sommer von Seglern und etwas Gastronomie belebt. Auch in der Nebensaison sorgt ein kleiner Supermarkt für Verpflegung. Die ♥ malerischen Fischerhäuser zwischen Wald und grünen Wiesen sind schöne Fotomotive.

Kunsttürme, Land Art und ein Koldkrigs-Museum

Wie überall in Dänemark werden auch auf Langeland die alten, backsteinroten Transformatorenhäuschen nicht mehr für die Stromversorgung benötigt, denn die Kabel verlaufen heute unter der Erde. Da die Türme aber als Teil des Kulturerbes erhalten werden sollten, hat man sie zu ♥ Kunsttürmen umfunktioniert. Wer an einem dieser Türme vorbeikommt, sollte unbedingt anhalten und einen Blick hinein oder besser hinauf werfen! Es gibt insgesamt zwölf Kunsttürme, zu erkennen an der blau-roten Fahne. Jedes Kunstwerk wurde von einem anderen Künstler gestaltet, alle haben eine Beziehung zu Langeland.

Kunst und Handwerk

Das ♥ Schloss Tranekær im gleichnamigen Ort ist ein mächtiges, leuchtend rotes Schloss, das sich noch heute in Privatbesitz befindet und daher nicht besichtigt werden kann. Auf der gegenüberliegenden Straßenseite zeigt ein kleines ♥ Museum Exponate aus der Schlossgeschichte. Der ♥ Schlosspark wurde an die Stiftung Tickon übergeben, die im Park rund um den See eine Skulpturenausstellung im Stil der ♥ Land Art gestalten ließ. Nebenan duften im ♥ Pharmazeutischen Garten allerlei Heilkräuter und Blumen. Das ♥ Souvenariet, ein Museum mit allerlei teilweise absurden

Kuriositäten aus aller Welt

Schloss
Tranekær

Mitbringseln aus aller Welt, erwartet Besucher in einem alten Theater hinter dem Schloss. Hier entdeckt man Kuriositäten, die früher gern die Schrankwand weit-gereister Touristen zierten. Kitschige Püppchen aus Mexiko, bemalte Teller aus Griechenland, blinkende Eiffeltürme und ähnlicher Schnickschnack lassen einen hier schmunzeln oder erschaudern! Wer das mit einem leckeren Kaffee verdauen muss, hat hier mehrere Lokale zur Auswahl, zum Beispiel den historischen ♥ Tranekær Slotskro oder das hübsche ♥ Café Orangeriet im Schlossgarten.

Im Süden von Langeland liegt das ♥ Langelandsfort, eine Militäranlage aus den 50er Jahren, die zu einem Museum über den Kalten Krieg umgestaltet wurde. In der naturschönen und grünen Landschaft an der Südostküste kurz vor Bagenkop vergisst man schnell, welche Bedrohung einst von dem Säbelrasseln der Groß-mächte ausging! Neben einer beeindruckenden, militärischen Sammlung gibt es hier auch ein Stück deutscher Geschichte zu sehen: Der Berliner Senat schenkte dem Museum ein komplettes Segment der Berliner Mauer. Das Museum öffnet von Ostern bis zu den Herbstferien.

↗ lange-landsfor-tet.dk

Wanderwege zwischen Natur und Geschichte

Wie eine mittelalterliche Trutzburg schiebt sich das 30 Meter hohe Sandriff ♥ Ristinge Klint in die Ostsee, ein imposanter Anblick am Ende des schönen Sandstrandes von Ristinge. Von oben bietet sich ein herrlicher Ausblick über die Marstal Bucht bis nach Ærø. Das Gebiet oberhalb der Steilküste ist von ausge-schilderten ♥ Wanderwegen durchzogen. Schilder weisen auf die besonderen

Naturerlebnisse

Hou Fyr

Pflanzen und Insekten des Gebietes hin. Vor den Ferienhäusern in **Vesteregn** liegt das Naturschutzgebiet Tryggelev Nor. Die wunderbare Aussicht versöhnt schnell mit dem steinigen Strand am Meer.

Ganz im Süden liegt das Moor ♥ Gulstav Mose, hier weiden auch die ♥ Wildpferde. Die Pferde stammen ursprünglich aus Großbritannien: Es sind Exmoorponys, die hier in einem umzäunten Areal sich selbst überlassen leben. Das Gulstav Mose selber darf man nicht betreten. Es gehört dem Dänischen Vogelschutzbund, aber der ♥ Beobachtungsturm ist frei zugänglich. Überall auf Langeland findet man Spuren ♥ prähistorischer Siedlungen. Mehr darüber erfährt man im Langelands Museum in Rudkøbing.

Naturerlebnisse

Geschichte

Mein Tipp

Gemeinsam mit dem **Tryggelev** und dem **Salme Nor** ist das **Vogelschutzgebiet** am **Nørballe Nor** bei Ristinge eines der vogelreichsten Feuchtgebiete in Dänemark. Hier legen Zugvögel gern eine Pause ein und viele Wasservögel nisten an den Ufern der Seen. Ganz im Süden liegt das **Keldsnor**, ein von der Eiszeit geformter Strandsee mit dem Leuchtturm **Keldsnor Fyr**.

LANGELAND

LANGELAND **TIPPS**

 Boote und Häfen

 Naturerlebnisse

 Angeln

 Kunst und Handwerk

 QR-Code scannen und weiterstöbern! Den kompletten Artikel zum Ort mit Strandfotos, interessanten Ausflugszielen und vielen Ferienhäusern gibt es hier.

Lage

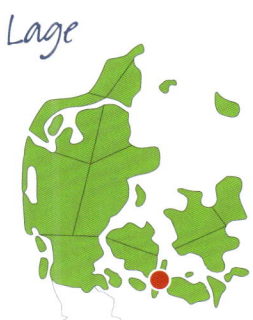

Hummingen
Strand

Lolland – viel Strand und kleine Städte

Die drittgrößte dänische Insel Lolland liegt südlich von Seeland. Über die sogenannte Vogelfluglinie von Fehmarn reist man mit der Fähre in nicht mal einer
Stunde an. Durch Brücken ist Lolland mit Falster, Møn und Seeland verbunden
und bietet darüber hinaus alles, was ein abwechslungsreicher Urlaub braucht.

Ferienhäuser und Strände entlang der Südküste

Die meisten Ferienhäuser auf Lolland stehen im Westen entlang der Südküste,
umgeben von weitläufigen, oft baumbestandenen Grundstücken. Abends kommen Rehe, Hasen oder Rebhühner zu Besuch. ♥ Ruhe und Erholung sind hier
garantiert! Die besten Strände findet man in Bredfjed, Kramnitse, Hummingen
und Næsby Strand sowie an der schmalen Landzunge Albuen (Ellenbogen), die
im Südwesten den Nakskov Fjord begrenzt.

Östlich von Rødby gibt es in **Hyldtofte** noch eine kleine Sandbucht, bevor dann
die grünen Ufer des Guldborgsunds schöne Aussicht, aber keinen Strand bieten.
Nur vor den Ferienhäusern von **Nysted** in der Mitte des Guldborgsunds kann man
die Füße in den teilweise künstlich aufgeschütteten Sandstrand stecken.

In **Bredfjed** ist der Sand besonders fein. Für Familien mit kleinen Kindern ist diese Ferienhaussiedlung gut geeignet, denn der Zugang zum Strand ist barrierefrei und der ❤ Spielplatz direkt am Meer sorgt für Abwechslung. Auch in Familienurlaub **Hummingen** liegt vor dem Deich ein langer Sandstrand. Zum Schwimmen und Sonnenbaden werden in den Sommermonaten Badestege aufgebaut. Am kleinen Fischerhafen in **Kramnitse** ist der Strandzugang am Hafen barrierefrei. Leider ist der Sand hier bei ungünstiger Strömung steinig und mit Seegras bedeckt.

Der sechs Kilometer lange **Albuen** im Südwesten ist einer der schönsten Strände auf Lolland. Die Landzunge ist nur wenige Meter breit, darum ist der Badesteg das einzige Bauwerk auf dem Albuen, abgesehen vom Leuchtturm und dem Haus der Küstenaufsicht ganz am westlichen Ende der Landzunge. Auf dem flachen Sand liegen ein paar Steine, doch das Panorama, die unberührte Lage und die Natur der Halbinsel sind einen Besuch wert! Auch **Nakskov** hat einen beliebten Badeplatz hinter dem ❤ Hestehoved Jachthafen. Der Badesteg ist wohl der längste in ganz Dänemark und das flache Badewasser wird besonders schnell warm. Die vielen Spielgeräte, Picknickbänke und die Aussicht auf den Nakskov Fjord machen diesen Strand attraktiv. Ferienhäuser stehen hier nicht. Am benachbarten Jachthafen öffnet ganzjährig das ❤ Restaurant Fjorden.

Lollands Südküste lädt ein zu stundenlangen Spaziergängen oder Fahrradtouren. Der ❤ Deichweg entlang der Küste zwischen Nakskov und Rødby lädt auf sage und schreibe 48 km Länge zu einem Ausflug mit Meerblick ein. Das gut beschilderte Radwegenetz zieht sich auch kreuz und quer über die Insel. Auf ❤ VisitLolland werden online verschiedene Thementouren rund um die Insel angeboten. Gegenwind gibt es sicher ab und an, aber nur ganz wenige, flache Steigungen.

LOLLAND

Bei Kramnitse öffnet in den Sommermonaten direkt am Deich das Restaurant ❤ Den gamle Digegaard. Es bietet regionale Küche und hat einen gemütlichen Restauranttipp Gastgarten. Am Hummingen Camping bekommt man im Sommer Eis und Bröt-

Familienurlaub
chen. Vor dem Albuen verkauft der Kiosk am Campingplatz ebenfalls Eis und süße Kleinigkeiten. Im ❤ Feriecenter Lalandia zwischen Rødby und Hummingen haben die Restaurants ganzjährig geöffnet.

Mittelalterliche Städte und kulinarische Leckerbissen

Lolland ist in weiten Teilen von Landwirtschaft geprägt. Getreidefelder schmiegen sich an die sanft hügelige Eiszeitlandschaft, unterbrochen von Bauernhöfen, Kirchen und malerischen Orten. Die Insel gehört zu den etwas abgelegenen Orten in Dänemark und hat mit den Folgen der Landflucht zu kämpfen. Gerade darum ist es aber auch besonders friedlich. **Nakskov** hat eine kleine Fußgängerzone, einen großen Supermarkt und eine lange Stadtgeschichte. Einst kam die Stadt durch reiche Heringsvorkommen zu Wohlstand, heute wirkt die Stadt etwas verlassen, auch wenn es immer noch die bevölkerungsreichste Stadt auf Lolland ist. Süßes und Wissenswertes zum Thema Zucker kann man in Dänemarks einzigem ❤ Zuckermuseum erfahren, das aber nicht in der noch heute produzierenden Zuckerfabrik untergekommen ist, sondern in einer ehemaligen Kamm- und Knopffabrik.

◢ sukkermu-
seet.dk

Wer im Zentrum von Nakskov im Sommer eine lange Schlange vor einem Ladenlokal sieht, sollte sich unbedingt einreihen. In Lydolph's Isbar soll es das ❤ beste Eis in Dänemark geben!

Lokale
Spezialitäten

Naturerlebnisse
Ausflüge durch den malerischen ❤ Nakskov Fjord werden im Sommer regelmäßig mit dem alten ❤ Postboot Vesta angeboten, der Ableger ist direkt am Hafen. Die Vesta wurde ursprünglich als Fähre für die Inseln Fejø und Askø gebaut, aber dafür war sie schnell zu klein. Sie wird auch ganzjährig für Familienfeste oder Angeltouren vermietet.

Das 600 Jahre alte **Maribo** ist wesentlich kleiner als Nakskov, aber durch seine Lage zwischen zwei malerischen Seen und der Nähe zur Autobahn nach Kopenhagen ist es wesentlich attraktiver als Nakskov. Mehrere Supermärkte und Boutiquen säumen die alten Gassen. Ein

Bandholm

♥ Stiftsmuseum und die Klosterruine erinnern an die Zeit, als Margrethe I im 15. Jahrhundert die Gründung eines Klosters an dieser Stelle erlaubte. Der ♥ Søndersø ist von einem weitläufigen Naturpark umgeben, im Sommer lädt das ♥ Ausflugsschiff Anemonen zu Rundfahrten ein. Den Bootsanleger findet man gleich hinter der Domkirche, die heute zur Diözese Lolland-Falster gehört. Nördlich von Maribo liegt **Bandholm**, zwischen beiden Orten verkehrt im Sommer eine Museumsbahn. Das vornehme Bandholm Badehotel hat eine kleine Eisdiele, neben dem winzigen Strandbad legt die Fähre zur Insel **Askø** ab.

Das Städtchen **Sakskøbing** am lauschigen Sakskøbing Fjord liegt etwas abseits der Ferienhäuser, ist aber gerade bei Sonne hübsch anzusehen mit seinen gelben Häusern. Ein Mahlzeit im Grünen bekommt man im ♥ Oreby Kro an der Mündung des Sakskøbing Fjords.

Die Hafenstadt **Nysted** mit einem grünen Strandpark und dem ♥ Schloss Aalholm liegt an einer Bucht im Guldborgsund. Eine große Kirche, umgeben von

Wandern und Radfahren

LOLLAND

Gourmet-Tipp

Nysted

winzigen Fachwerkhäusern, bildet das Zentrum. Am Hafen kann man zwischen mehreren Lokalen wählen oder eine Seehundsafari buchen. Die Ferienhäuser stehen südlich der Stadt am Ufer des Sunds. Der Strandpark an der Nysted Skanse wird von den Anwohnern, den Gästen des Campingplatzes und den Ferienhausurlaubern gleichermaßen geschätzt. Es gibt Badestege, mehrere Sandbuchten und Spielwiesen unter den Bäumen.

Rund um den ❤ Guldborgsund liegen winzige Fischerhäfen mit bunten Hütten und Picknickplätzen, die alle einen Besuch wert sind. Wer seinen Picknickkorb mit ökologischen Produkten vom Hof füllen möchte, der sollte einen Einkauf auf ❤ Gut Knuthenlund einplanen.

Lokale
Spezialitäten

Wassersport und Kunstgenuss

Angler können am Onsevig Hafen einen Angelausflug mit der ❤ Drost buchen, die Touren starten auch vom Nakskov Hafen. In den Seen um

Angeln

Maribo ist Angeln ebenfalls erlaubt. Zum Surfen bietet das Søndernor südlich von Nakskov gute Bedingungen. Das ♥ tropische Schwimmbad im Ferienpark Lalandia bei Rødby ist das größte Badeland der Region.

Familienurlaub

Für Kunstfreunde lohnt der Besuch des ♥ Kunstmuseums Fuglsang: Dieses 1.200 qm große Haus auf dem Gelände des historischen Herrenhofes Fuglsang zeigt dänische Kunst vom 18. Jahrhundert bis heute, im Nebengebäude finden klassische Konzerte statt. Auch im ♥ Reventlow Museum, einer interessanten Ausstellung zum Leben und Wirken des dänischen Sozialreformers im Gutshaus Pederstrup, hängt Malerei. Porträts aus dem 18. und 19. Jahrhundert zeigen Mitglieder der Familie Reventlow. Der Park beherbergt wechselnde Land-Art-Ausstellungen.

Geschichte

Mein Tipp:

In Bandholm wartet Nordeuropas größter **Safaripark Knuthenborg** auf Besucher. Seit über 100 Jahren weiden Giraffen, Antilopen und Zebras in dem wunderschönen, etwa 600 ha großen Landschaftspark eines viktorianischen Herrenhauses. Für Zooliebhaber und **Familien mit Kindern** ein Muss! Der Park öffnet von April bis Oktober.

LOLLAND

LOLLAND **TIPPS**

 Wandern & Radfahren

 Naturerlebnisse

 Familienurlaub

 Lokale Spezialitäten

QR-Code scannen und weiterstöbern! Den kompletten Artikel zum Ort mit Strandfotos, interessanten Ausflugszielen und vielen Ferienhäusern gibt es hier.

Lage

Corselitze Skov Strand

Falster – die ideale Ferieninsel für Familien

Die Insel Falster ist eine beliebte Ferieninsel, die für einen Urlaub mit Kindern die besten Bedingungen bereithält: flachen Sandstrand, mildes Klima, gute Einkaufsmöglichkeiten und über 1.000 Ferienhäuser! Durch die Fährverbindung ab Rostock oder Fehmarn ist die Anreise aus Deutschland nicht allzu weit.

Sandstrand soweit das Auge reicht

Das Urlaubszentrum auf Falster ist **Marielyst**, ein lebhafter Ferienort mit vielen Geschäften, Restaurants und Freizeitangeboten. Wer im Urlaub gerne unter Menschen ist, fühlt sich am Strandvej in Marielyst bestimmt wohl. Ruhiger geht es etwas außerhalb in **Bøtø** oder **Sildestrup** zu. Die schönen Ferienhäuser stehen auf einer Länge von fast 20 Kilometer an einem herrlichen Sandstrand. Restaurants, Supermärkte und Discounter findet man im Zentrum von Marielyst und im Städtchen Nykøbing Falster.

Das Meer vor dem Strand ist flach und an vielen Stellen auch steinfrei. Kinder toben hier fast zu jeder Jahreszeit. Am Marielyst Strandvej werden in den Ferien sogar Liegestühle und Sonnenschirme verliehen. Jeder größere Strandzugang hat ein Toilettenhäuschen. An einigen Stellen führen Holzstege für Kinderwagen oder Rollstühle bis zum Wasser.

Im Süden von Falster liegt der Ort **Gedesby**, ein winziges Dorf mit einer Ferien-haussiedlung am Meer. Der Strand ist schmaler, aber auch überwiegend sandig. Der Deichweg Diget beginnt südlich von Gedesby und begleitet den Strand bis hinter Sildestrup im Norden von Marielyst. Der Nadelwald ♥ Bøtøskoven zwischen Gedesby und Marielyst lädt zu einem immergrünen Spaziergang ein, Wildpferde, urige Rinder und Rehwild leben hier. Der kleine ♥ Hundewald im Bøtøskov ist umzäunt.

Wandern & Radfahren

Urlaub mit Hund

Mein Tipp:

Die Sumpflandschaft **Horreby Lyng** in der Nähe des Dorfes Horreby ist ein privates, von Wald umgebenes Moor mit seltenen Pflanzen wie dem **Sonnentau** oder unsterblichen **Torfmoosen**. Verschiedene Rundwege führen durch das Gebiet, ein Aussichtsturm und Bänke laden zum Verweilen ein. Durch das **aktive Hochmoor** im Zentrum führt ein 300 Meter langer Steg.

Geschäfte und Geschichte auf Falster

Die Hafenstadt **Nykøbing Falster** liegt am Guldborgsund zwischen Lolland und Falster. Rund um die Klosterkirche aus dem 15. Jahrhundert laden Geschäfte und Cafés zum Bummeln ein. Die Touristeninformation zeigt sich in einem alten Kaufladen mit allerlei hübschen Mitbringseln. Nebenan steht das Czarens Hus, ein historisches Fachwerkhaus, in dem Peter der Große 1716 zu Gast war.

Eine spannende Zeitreise verspricht das ♥ Mittelalterzentrum in **Sundby**, der Nachbarstadt von Nykøbing Falster auf Lolland. Eine authentische Siedlung vergegenwärtigt das Leben im 15. Jahrhundert. Historisches Handwerk, aber auch Kriegsgeräte werden im Sommer von den Mitarbeitern zum Leben erweckt. **Væggerløse**,

Familienurlaub

FALSTER

Steilküste
Gedser Odde

Kunst und
Handwerk

zu dem auch Marielyst gehört, ist ein Dorf mit einer sehr schönen Kirche, einer hölzernen Windmühle und einer ♥ Glasbläserei. Nahe der Hafenstadt **Gedser** befindet sich ein kleines Infocenter mit dem ♥ Sydstenen, einem Stein, der Dänemarks südlichsten Punkt markiert. Am Hafen von Gedser legt die Fähre aus Rostock an. Im Eisenbahnmuseum ♥ Gedser Remise steht seit einigen Jahren auch das gelbe Stellwerk aus einem Film der ♥ Olsen Bande. Das Geo-Museum zeigt im Sommer seine Sammlung internationaler Fossilien und Mineralien.

Familienurlaub

Kleine und große Technikfans sollten einen Ausflug in das ♥ Traktorenmuseum in **Eskilstrup** einplanen oder in **Stubbekøbing** Nordeuropas größte Motorradsammlung im ♥ Motorrad- und Radiomuseum besichtigen. Die ♥ Museumsfähre Ida ist eine schmucke Fähre aus den 1950er Jahren. Sie verkehrt im Sommer zwischen Stubbekøbing und Bogø vor Møn.

↗ bogoe-
stubbekoebing.dk

Schilfhaus in Hesnæs

Falsters grüner Nordosten

An der östlichen Spitze von Falster liegt das Fischerdorf **Hesnæs**. Die Reetdach-häuser sind im Sommer von üppiger Blumenpracht umgeben. Man entdeckt erst auf den zweiten Blick, dass auch die Fassaden mit Reet verkleidet wurden, um vor dem eisigen Ostwind zu schützen. Das Lokal ♥ Hesnæs Havn bietet Backwaren und feine Speisen auch zum Mitnehmen an. Ebenso wie der feine Sandstrand ist es bei Einheimischen ein beliebtes Ausflugsziel.

Südlich von Hesnæs lädt der **Corselitze Skov** zu einem Waldspaziergang ein, wer einsame Badeplätze liebt, wird am schmalen, weißen Strand vor dem Wald fündig. In der ♥ Galerie Arleth gibt es fantasievolle Steinfiguren, Schmuck und filigrane Metallarbeiten.

Kunst und Handwerk

FALSTER TIPPS

 Geschichte

 Wandern & Radfahren

 Familienurlaub

 Boote und Häfen

QR-Code scannen und weiterstöbern! Den kompletten Artikel zum Ort mit Strandfotos, interessanten Ausflugszielen und vielen Ferienhäusern gibt es hier.

Lage

Hårbølle
Strand

Møn – hohe Kreidefelsen und blaues Meer

Ein Urlaub auf der Ostseeinsel Møn ist ein Erlebnis der ganz besonderen Art. Die berühmten Kreidefelsen an der Ostküste ragen bis zu 128 Meter in die Höhe und färben das Meer türkis, der dichte Buchenwald lädt zum Wandern ein und die Sandstrände sind flach und kinderfreundlich.

Ferienhäuser rund um die Insel

Zwischen der vorgelagerten Insel **Bogø** und dem Kreidefelsen **Møns Klint** erstreckt sich eine erholsame, bäuerliche Insellandschaft. Die größte Ferienhaussiedlung **Ulvshale** liegt im Norden an einer flachen, kinderfreundlichen Sandbucht. Die Häuser stehen am Rand des Ulvshale Skov. Es ist einer der letzten, echten Urwälder Dänemarks. Nahe der Kreidefelsen hat sich aus dem kleinen **Klintholm Havn** an der Südküste ein lebhafter ♥ Jachthafen mit schönen Ferienwohnungen und Gastronomie direkt am Bootssteg entwickelt. Zwei herrliche Sandstrände umrahmen diese Marina. Auch **Råbylille** weiter westlich hat einen schönen Sandstrand. Råbylille ist eine reine Ferienhaussiedlung. Die Ferienhäuser von **Hårbølle** stehen

Boote und
Häfen

rund um einen kleinen Hafen an der Westküste, wo früher einmal die Fähre von Falster anlegte. Der Strand ist etwas steinig, aber sehr idyllisch und von Grün umgeben. Auf der Insel **Bogø** werden ebenfalls Ferienhäuser vermietet. Am Skåninge Bro Havn gibt es Liegewiesen und einen Steg, aber keinen Strand. Von Bogø fährt im Sommer die Museumsfähre IDA nach Stubbekøbing auf Falster. Surfer kreuzen vor der Farø Brücke, vom Restaurant ❤ Café Stalden und im ❤ Café Farø Vad kann man ihnen dabei zuschauen.

Gastronomie auf Bogø

Møns Klint – die schönste Steilküste Dänemarks

Natürlich sind die über 100 Meter hohen Kreidefelsen ❤ Møns Klint an der Ostküste für jeden Urlauber ein Muss. Der Weg dorthin führt durch einen dichten Wald. Man kann die Strecke mit dem Auto zurücklegen oder auf schmalen Wegen mit dem Rad oder zu Fuß erkunden. Am höchsten Punkt des Møns Klint führen knapp 500 Stufen hinab zum Meer, weitere 250 Stufen muss man nach oben zum ❤ Königinnenthron überwinden.

Naturerlebnisse

Um die Aussicht von den Klippen zu genießen, lohnt sich hier der Weg nach oben eher im Winter oder Frühjahr, denn die Blätter der Bäume verdecken den Blick zum Strand. Vom Leuchtturm ❤ Møns Fyr am südöstlichen Ende der Insel führt ein Weg oberhalb der Steilküste entlang, mit freiem Blick zum Meer. An der ungesicherten Kante ist aber Vorsicht geboten. Auch zum Strand hinab führt ein steiler Weg, unten kann man nach Fossilien suchen. Im Frühjahr und Herbst kann es zu gefährlichen Abbrüchen kommen, besonders bei Regenwetter. Das ❤ GeoCenter Møns Klint in der Mitte der Klippen ist ein spannendes, naturkundliches Museum für Groß und Klein.

Familienurlaub

Romantische Parks und einsame Strände

Die Natur oberhalb der Kalkfelsen ist durch den nährstoffreichen Boden besonders reizvoll. Die Vegetation reicht von üppigen Getreidefeldern über dichten Buchenwald bis zu naturgeschützten Blumenwiesen. Im Nordosten steht ❤ Schloss Liselund, dessen herrlicher Park perfekt in die wild-romantische Landschaft der Kreidefelsen integriert ist. Das Schloss ist nur ein kleines Häuschen, ein Liebesbeweis für die Ehefrau des Erbauers. Wie zerbrechlich die Kreidefelsen sind, kann man an der Geschichte des Schlossparks sehen: Ein Großteil der Anlage stürzte mit den Kalkfelsen 1905 ins Meer und verschwand für immer in den Fluten.

Geschichte

Stege

Herausragender Sternenhimmel

Im Norden von Møn ist es des Nachts so dunkel, dass die Insel als ♥ Dark Sky Park zertifiziert wurde. Wer sich allein ins Dunkel traut, bekommt in der Touristeninformation eine aktuelle Sternenkarte, für alle anderen werden geführte Nachtwanderungen angeboten. Vor dem ♥ Fanefjord Skov im Südwesten von Møn liegt der einsame, steinige **Rytsebæk Strand**. Zum Spazierengehen, vor allem mit Hund, ist es eine wunderbare Bucht. Die ♥ Fanefjord Kirke ist bekannt für ihre restaurierten Kalkmalereien aus dem frühen 16. Jahrhundert.

Stege – die Stadt der Heringe

Møns Hauptstadt **Stege** war im Mittelalter einer der größten Heringslieferanten für ganz Dänemark und kam damit zu Wohlstand. Drei Heringe im Stadtwappen erinnern noch heute an diese Zeit. Inzwischen liegt der Hafen eher verschlafen da. Im Sommer kann man mit der altmodischen ♥ Fähre Møn nach Seeland übersetzen oder eine Inselrundfahrt unternehmen. Vor dem Stadttor am Ortsausgang

Geschichte

steht der alte Kaufmannshof Empiregården mit dem ♥ Møn Museum, einem der ältesten Museen in Dänemark.

Am Binnensee **Stege Nor** laden Picknickbänke und Stege zum Verweilen ein. Der blaue See strahlt eine wunderbare Ruhe aus! Zahlreiche, kleine Läden und gemütliche Restaurants haben ganzjährig geöffnet. Das urige ♥ Thorsvang Sammlermuseum öffnet im Sommerhalbjahr seine nachgebauten Geschäfte und Lokale aus der "guten, alten Zeit". Im ♥ Fri Bikeshop kann man Fahrräder mieten, um damit die schöne Insel zu erkunden.

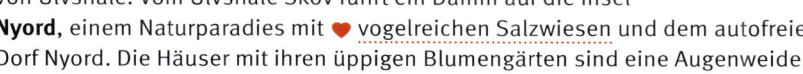

Nyord, Møns kleine Nachbarin

Die Landspitze im Norden von Møn heißt Ulvshale, Wolfsschwanz. Der Name rührt wohl von der Form der Halbinsel her. Auch wenn es ein wilder Wald ist, gibt es im **Ulvshale Skov** höchstens Hasen und Eichhörnchen. Die ungewöhnlich vielseitige Natur kann man am besten zu Fuß oder mit stabilen Fahrrädern erleben. Dichtes Farngebüsch, schmale Pfade unter schattigen Laubbäumen und sonnige Heidewiesen mit Gallowayrindern am Meer säumen die Nordküste. Der Radweg zwischen den Pferdeweiden und Schilflagunen verläuft im Süden von Ulvshale. Vom Ulvshale Skov führt ein Damm auf die Insel **Nyord**, einem Naturparadies mit ♥ vogelreichen Salzwiesen und dem autofreien Dorf Nyord. Die Häuser mit ihren üppigen Blumengärten sind eine Augenweide! Ausgefallen ist auch die achteckige Kirche.

Naturerlebnisse

Am Ortseingang grüßt der ♥ Noorbohandelen, ein Hofladen mit unglaublich vielen, hausgemachten Spirituosen, Likören und Essigkreationen. Im Sommer wird vor der Tür Kaffee und Gebäck serviert, am Klintholm Havn betreibt der Laden die Bar ♥ Pier to Heaven. Am winzigen Jachthafen springen Kinder vom Badesteg ins kühle Nass – Sommerlaune wie aus dem Bilderbuch! Das markante Nyorder ♥ Lotsenhaus sieht man schon von Weitem.

Sehens-werter Hofladen auf Nyord

MØN

Ein schönes Fotomotiv

Die Bauern verdienten sich früher ein gutes Zubrot damit, die Schiffe sicher durch den Sund zwischen Møn und Seeland zu führen. Heute ist es ein kleines Museum. Auch die Aussicht vom Lotsenhaus über den Sund ist sehenswert. Der Blick reicht von der Stege Bucht bis hin zur Faxe Bucht vor Seeland.

MØN TIPPS

 Familienurlaub

 Wandern & Radfahren

 Naturerlebnisse

 Boote und Häfen

QR-Code scannen und weiterstöbern! Den kompletten Artikel zum Ort mit Strandfotos, interessanten Ausflugszielen und vielen Ferienhäusern gibt es hier.

Lage

Møns Klint

MØN

UND SONST NOCH?

Was wäre ein Familienurlaub in Dänemark ohne **Legoland**, die kleinen Dorfkirchen oder **Winkingermuseen**? Wie sagt man Guten Tag auf **Dänisch** und welche **Feste und Feiertage gibt es eigentlich in Dänemark?**

Landungsplatz
Vorupør

Geschichtsträchtige Orte in Dänemark

Weltbewegende Geschichte wurde im beschaulichen Westjütland nicht geschrieben – den Römern war es wohl zu windig und auch die dänische Krone hat ihre Spuren eher auf den Ostseeinseln hinterlassen. Trotzdem sind die Freilichtmuseen oder die historischen Seezeichen an der Nordseeküste lohnende und familienfreundliche Ausflugsziele.

Spuren einer langen Seemannstradition

Fischerboote auf dem Strand

Zwischen den ♥ Leuchttürmen von Blåvand bis Skagen und den historischen Seezeichen, die den Schiffern bis heute zur Orientierung dienen, entdeckt man allerorts kleine Häfen mit bunten Fischerhütten oder die sogenannten ♥ Landungsplätze. Große Fregatten oder Walfängerboote konnten hier kaum anlegen, dafür ist die Nordsee zu flach. Wo keine Fjordmündung einen Hafen zuließ, half

man sich mit dem Anlanden für kleinere Boote. Heute liegen in den Urlaubs-
orten die Fischerboote mehr als Schmuckstück auf dem Strand und bilden ein
typisches Postkartenmotiv aus dem Norden Jütlands.
Nur in Thorup bei Slettestrand an der südlichen
Jammerbucht wird noch heute in großem Stil
Fischfang vom Landingsplads aus betrieben.

Die Walfängerkapitäne bauten museumsreife
♥ Reetdachhöfe auf Rømø, ihre Fangflotte
allerdings legte an der nördlichen Ostsee
ab. Die ♥ Walskelette in Hals sind ein Sou-
venir aus dieser Zeit. Kleine Heimatmuseen
zeigen, wie das Leben an der Küste früher war
und wie die Menschen sich mit der rauen Natur
und der Trauer über verunglückte Seeleute arran-
gieren mussten. Die Küste trägt in Erinnerung an die
vielen, gestrandeten Schiffe den Beinamen ♥ Eisenküste. Während der dänischen
Schulferien gibt es in den Museen spannende Angebote für Kinder. Hier wird Geschichte lebendig! ♥ Levende Historie heißt darum auch der Zusammenschluss
der Ringkøbing-Skjern-Museen in Westjütland. Ein
Café mit hausgebackenem Kuchen und Souvenir-
läden mit allerlei Kunstgewerbe machen den
Besuch der Ausstellungen zu einem typisch
dänischen Urlaubserlebnis.

⚡ jernkysten.dk

Lebendige
Geschichte in
kleinen Freiluft-
museen

Wikinger auf großer Fahrt

Die großen Entdecker des frühen
Mittelalters – die Wikinger – kamen
aus Grönland und besiedelten kleine
Buchten in ganz Dänemark, in denen
sie gute, natürliche Bedingungen für
einen Hafen fanden. Die spektakulärsten
Fundstücke und originalen Schiffe der Wi-
kingerzeit stehen im ♥ Wikingerschiffmuseum
Roskilde und im ♥ Dänischen Nationalmuseum in
Kopenhagen. Der Alltag der damaligen Zeit wurde allerdings
in den jütländischen Museumsdörfern eingefangen: In Bork Havn bei Ribe und
in Hobro gibt es je ein spannendes Wikingerdorf, wo im Sommer die Wikinger-
tradition zu neuem Leben erwacht.

Vennebjerg
Kirke

Fotogen: Die dänischen Kirchen

Bis zur Reformation im 15. Jahrhundert beherrschten die großen Klöster weite Teile des Landes zwischen Limfjord und Skagen. Die Bischöfe trieben – sehr zum Unwillen des Volkes – üppige Steuern ein, womit sie ihren Reichtum vermehrten und prächtige Bauten errichteten. Die Klöster sind heute in Privatbesitz oder wurden zu Galerien umfunktioniert. Sie bilden, ebenso wie die alten Domkirchen und die wenigen Burgen, einen schönen Kontrast zu den Bauernhöfen und bunten Fischerhäusern an der Nordseeküste.

Den mächtigsten Dom der Westküste findet man in ♥ Ribe, Dänemarks ältester Stadt. Die Innenstadt von Ribe ist selbst fast ein Museum und unbedingt sehenswert!

Die kleinen, eher bescheidenen, aber sehr sehenswerten ♥ Dorfkirchen stehen meist nah am Meer. Es handelt sich um weißgekalkte Gebäude mit einer treppenförmigen Turm- spitze. Fast jedes Küstendorf hat eine eigene, geschmückte Kirche, die noch heute regel- mäßig genutzt wird. In vielen Kirchen hängen sogenannte ♥ Votivschiffe. Diese Schiffsmo- delle wurden seit dem 17. Jahrhundert von See- fahrern gestiftet. Besonders viele Schiffsmodelle hängen in den beiden Kirchen auf Fanø.

Eine Kirche mit besonders schöner Aussicht ist die ♥ Vennebjerg Kirke bei Lønstrup, eine der prächtigsten Backsteinkirchen aus dem 13. Jahrhundert ist die ♥ Løgum Klosterkirche. Die kleinste Kirche Dänemarks steht auf Venø im Limfjord, die bedeutendste Dorfkirche gehört zum UNESCO Weltkulturerbe in Jelling. Die wichtigste Kirche für die dänische Monar- chie ist ebenfalls Teil des UNESCO Weltkulturerbes: der Dom in Roskilde.

TIPPS ZU GESCHICHTSTRÄCHTIGEN ORTEN

Lokale Museen und Ausflugsziele gibt es auf **fejo.dk** bei jedem Haus. Eine Übersicht über die meisten Attraktionen findet man auch auf **visitdenmark.de**. Hier muss man zunächst den Ort eingeben, um auf die Seite der lokalen Touristeninfomation zu gelan- gen. In jedem Servicebüro bekommt man ausführliche Prospekte sowie ein Urlaubsma- gazin, das jährlich neu aufgelegt wird.

Feste und Gebräuche in Dänemark

Die meisten Urlauber fahren sicher im Sommer nach Dänemark, um am Strand den blauen Himmel, das weite Meer und die salzige Luft zu genießen. Ein Liegestuhl auf der Ferienhausterrasse und ein Grillabend unter sternenklarem Himmel sind der Inbegriff von Erholung! Aber auch Weihnachten, Silvester oder die Ostertage sind beliebt. Damit man nicht nur die Natur, sondern auch einen Teil der dänischen Kultur erleben kann, gibt es hier einen Überblick über die dänischen Ferien- und Feiertage.

Die dänischen Ferienzeiten

Die teuerste Saison für Ferienhäuser fällt naturgemäß mit den dänischen Sommerferien zusammen – diese beginnen am letzten Juniwochenende und enden Anfang August. Wer also im Sommer ein etwas günstigeres Haus buchen möchte, sollte

Mehr auf
Seite 24

auf den August oder den meist schon ♥ sommerlichen Juni ausweichen – vorausgesetzt, die eigene Ferienplanung lässt dies zu. Im Herbst haben die Dänen nur in der Kalenderwoche 42 Schulferien, aber auch hier gibt es oft Überschneidungen mit den hiesigen Bundesländern. Der Vorteil dieser Urlaubswoche ist allerdings, dass in dieser Zeit besonders viele Freizeitangebote für Familien und fast alle Sehenswürdigkeiten, Restaurants und Cafés geöffnet haben. So wird es auch an grauen Tagen nicht langweilig!

Silvester am
dänischen
Nordseestrand

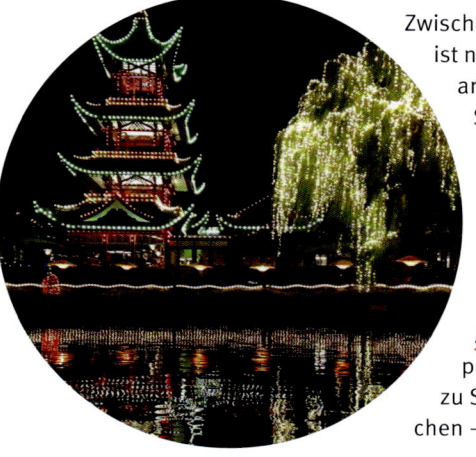

Zwischen Weihnachten und ♥ Silvester ist natürlich ebenfalls schul- und oft arbeitsfrei. Die Urlaubswoche, in der Silvester liegt, ist die meistgebuchte und teuerste Woche im Winter. Ob man den Hochsaisonpreis oder nur einen etwas höheren Nebensaisonpreis zahlt, liegt am Ort und an der Ausstattung eines Ferienhauses. Große ♥ Pool- und Aktivitätshäuser, in denen es sich prima mit Freunden feiern lässt, sind zu Silvester ganz sicher kein Schnäppchen – erst recht nicht an der Küste von

Rechtzeitig den
Urlaub planen!

Maigrün
in Dänemark

Westjütland, wo die deutschen Urlauber besonders gerne den Jahreswechsel verbringen. Nicht ganz so teuer ist es über Weihnachten oder an der Ostseeküste, und ruhiger ist es hier ganz bestimmt auch. Wer ♥ mit Hund fährt, sollte genau auf die Karte schauen – ein Verbot von Feuerwerkskörpern an manchen Orten ist kein Garant dafür, dass der Nachbar nicht doch etwas abfeuert. Alleinlagen oder kleine Siedlungen an der Ostsee eignen sich da eher als ein Haus an der Westküste. Das Einführen von Feuerwerk nach Dänemark ist übrigens verboten.

Einsame Lage
ohne Feuerwerk
für Hundebesitzer

Feiertage in Dänemark – wann haben die Geschäfte geöffnet?

Das Ladenschlussgesetz in Dänemark ist etwas großzügiger als in Deutschland. Die meisten Supermärkte haben sonntags und auch an den gesetzlichen Feiertagen geöffnet. Es empfiehlt sich, vor Ort nach den genauen Öffnungszeiten zu fragen, bevor man einen riesigen Vorrat Brötchen einkauft. Übrigens sind in Dänemark der Buß- und Bettag, den man am vierten Freitag nach Ostern begeht, und der Gründonnerstag auch ein Feiertag. Zudem ehren die Dänen am 5. Juni die dänische Verfassung und erhalten dafür ebenfalls einen freien Tag.

Feste feiern, wie sie fallen

Dänen lieben die Geselligkeit und verbringen Feiertage am liebsten mit Freunden und Familie am Meer, idealerweise im eigenen Sommerhus oder auf dem eigenen Boot. Nur ♥ Weihnachten bleibt man gern zuhause, genau wie in der

Kopenhagen

Adventszeit, in der man sich zum Basteln und Schnacken in der Julestue trifft. Die ❤ Julestue ist ein gemütliches Beisammensein mit Gløgg und selbstgebackenen Keksen. Hier werden alte Freunde getroffen, Geschichten erzählt und der typische Tannenbaumschmuck gebastelt: Julehjerter, Stjerner oder Nissegirlanden. Dazu brennt die Adventskerze und man singt traditionelle Lieder. Festlich geschmückte Fußgängerzonen und eine Weihnachtsmannstube, in der man seine Wunschliste persönlich abgeben kann, gehören in vielen Städten ebenso dazu wie die liebevoll gestalteten Weihnachtsmärkte. Der traditionelle ❤ Peters Jul Markt in Dänemarks ältester Stadt Ribe ist nach einem Kinderbuch aus dem 19. Jahrhundert benannt, es ist einer der stimmungsvollsten Märkte in Jütland. Aber egal, wo man im Advent einen Dänemarkurlaub verbringt, der nächste Julemarked wird nicht weit sein.

Vorweihnachtliches Beisammensein

Weihnachtsmarkt in Ribe

Am 23. Juni wird ❤ Sankt Hans gefeiert, eine wichtige und auch bei Touristen sehr beliebte, dänische Tradition. Der Sankt Hans Aften (Abend) ist das dänische Fest zur Sommersonnenwende. Der Name zeigt, dass hier aus vielen, verschiedenen Überlieferungen ein neues Fest gemischt wurde: Der Name erinnert an die Geburt von Johannes dem Täufer, die auf den 24. Juni datiert wird. Die Tradition der Mittsommerfeste orientiert sich aber eher an heidnischen Bräuchen, mit denen der längste Tag des Jahres und die sogenannten „hellen Nächte" gefeiert werden.

Die Hexenfigur, die seit dem Ende des 19. Jahrhunderts auf den meisten Feuern verbrannt wird, erinnert an die Walpurgisnacht, zu der sich die Hexen auf dem Hexentanzplatz im Harz treffen und die auf keinen Fall ihr Unwesen in Dänemark treiben sollen.

Strandfeuer
am Øresund

Fast jeder Ort an der Küste hat sein eigenes ❤ Sankt Hans Feuer auf dem Strand. Man möchte mit einem Schiff die Küste entlang treiben und diesen imposanten Anblick der lodernden Feuer vom Meer aus genießen! Aber mittendrin ist es vielleicht noch schöner. Man bringt seinen Liebsten, eine Decke und einen Picknickkorb mit, gute Laune sowieso und die Bereitschaft, mit allen Anwesenden anzustoßen und gemeinsam die Hymne **„Vi elsker vort land..."** anzustimmen, die der Dichter Holger Drachmann einst zu diesem Zwecke schrieb. Der Text wird meistens vor Ort verteilt. Auch wenn man kein Dänisch spricht, darf man mit Inbrunst mitsingen: ❤ „Wir lieben unser Land….". Das Fest endet, wenn die Sterne am Himmel das Feuer abgelöst haben und das letzte Øl (Bier) sowie die letzte Runde Snaps (Aquavit) getrunken sind.

Mein Tipp

Ostern und vor allem **Pfingsten** sind traditionelle Kirchenfeste, die ähnlich wie in Deutschland mit Gottesdiensten und zu Ostern auch mit Schokolade gefeiert werden. Zu Pfingsten beginnt die Kunst- und Festivalsaison. Praktisch, wie die Dänen sind, haben sie Karneval in die wärmere Jahreszeit verlegt und in Kopenhagen kann man Pfingsten die Umzüge zu lateinamerikanischen Rhythmen bewundern.

Dänische
Königin seit
1972

Dänemark ist ein Königreich, eigentlich derzeit ein Königinnenreich, denn die Regentin heißt seit 40 Jahren Dronning ❤ Margrethe II. „Dronning" heißt Königin, der König hieße „Kong" auf Dänisch. Margrethe II hat am 16. April Geburtstag. An diesem Tag werden die Flaggen gehisst und so manches Haus geschmückt, um die Jubilarin zu ehren.

Die Feierlichkeiten zum Geburtstag finden eher in Kopenhagen statt. Als volksnahe Königin geht Margrethe im Sommer aber mit ihrer **königlichen Jacht Dannebrog** auf Reisen, um die Menschen auf den Inseln und in den Häfen ihres Königreiches zu besuchen. Jedes Jahr steht ein anderes Ziel auf der Liste. Allein daran kann man erahnen, wie viele Inseln und Häfen Dänemark an seinen Küsten verbirgt! Die Gastgeber sind schon ein halbes Jahr im Voraus damit beschäftigt, ein buntes und feierliches Programm für ihre Königin zu planen. Die Einfahrt der „Dannebrog" wird eskortiert von Schiffen aus der Region, mit etwas Glück darf man einen der Kapitäne begleiten. Das Rahmenprogramm ist zum Großteil öffentlich. Auch wenn man der Königin wohl nicht die Hand schütteln kann, lohnt es sich, einmal dabei zu sein.

Die ❤ Neujahrsansprache der Königin, die am Silvesterabend um 18 Uhr in Fernsehen und Radio übertragen wird, ist ein Muss auf jeder dänischen Silvesterfeier.

Da die Rede natürlich in der Landessprache gehalten wird, muss man Dänisch beherrschen, um zu verstehen, worum es geht. Man kann aber am nächsten Tag im Internet nachlesen, worüber sie gesprochen hat oder man fragt einfach mal einen netten Dänen.

Die Ansprache der Königin wird übrigens live übertragen, ungeschnitten und ohne Korrekturen. Dafür lieben ihre Untertanen sie ganz besonders, denn so mutig ist kaum ein anderes Staatsoberhaupt in Europa. Und sollte sie sich doch mal versprechen oder etwas schiefgehen, liebt das Volk sie um so mehr.

TIPPS ZU DÄNISCHEN FESTEN UND GEBRÄUCHEN 💙 🕯 🍬

In fast jedem größeren Ort entlang der Küste gibt es jährlich wiederkehrende, lokale Festivals, z.B. das Heringsangeln in Hvide Sande, das Drachenfest auf Fanø, kulinarische Festivals an der Ostseeküste oder Wikingermärkte und Musikfestivals in verschiedenen Orten. Tipps und Termine für ganz Dänemark findet man auf **visitdenmark.de.**

Legoland – von Billund in die Welt hinaus

Das erste Legoland weltweit entstand in Südjütland, etwa anderthalb Autostunden von Flensburg entfernt und gut von allen Ferienhausregionen an Nord- und Ostsee zu erreichen. Der Besuch im Legoland ist eine Reise in die Welt der Fantasie und der unbegrenzten Legomöglichkeiten. Das benachbarte Lego House in Billund ist ein Wirklichkeit gewordener Kinderzimmertraum!

50 Jahre Legoland in Billund

50 Jahre Legoland!

Ende der 1960er Jahren kamen die Spielzeugfabrikanten von Lego auf die Idee, einen ❤ Freizeitpark zu bauen, der auf den Themen ihrer Baukästen basiert. Diese Idee gefiel nicht nur dänischen Kinder, denn heute, ein halbes Jahrhundert später, gibt es Legoland-Freizeitparks weltweit. Das erste Legoland öffnete am 7. Juni 1968 sein berühmtes Tor in Billund, nur wenige Meter vom Stammsitz der Firma entfernt.

Große Gebäude ganz klein

Das Zentrum des **Legoland Parks** ist das ❤ Miniland, eine Miniaturwelt aus Lego. Die ersten Bauten waren berühmte Viertel aus Kopenhagen wie der Nyhavn oder das Schloss Amalienborg, später kamen internationale Attraktionen wie der Eiffelturm oder die Freiheitsstatue hinzu. Die neuesten Bauwerke sind perfekt anmutende Nachbauten der höchsten Wolkenkratzer der Welt.

Wenn man das Legoland Billund betritt, führt kein Weg an dieser Keimzelle des Parks vorbei. Am besten, man steigt erst einmal in die kleine Schienenbahn, die an allen nachgebauten Straßenzüge und Landschaften vorbei rattert. Mindestens so spannend und auch schon fast historisch ist die ❤ Lego-Verkehrsschule, in der man auf dem Verkehrsübungsplatz seine erste Führerschein-prüfung ablegen darf. Nebenan im ❤ Duploland schlüpfen die Jüngsten in die Rolle der bunten Plastikmännchen, um mit der Duplo-Bahn oder dem Duplo-Flugzeug ein paar Runden zu drehen.

Führerschein im Legoland

Clownfische und Flying Eagle

Schneller, höher, weiter gilt auch im Legoland; mit einer Eisenbahnrunde lockt man heute niemanden mehr in einen Freizeitpark. Vom Aussichtsturm ❤ Legotop bekommt man aus 36 Metern Höhe einen Eindruck von der Größe des Freizeitparks. Neun Themen-welten gibt es mittlerweile, bis auf das Miniland sind sie auf Grundlage eines Legosystems gestaltet. Dass die meisten Kinder diese Systemkästen kennen, macht den besonderen Reiz des Parks aus: Man schlüpft in die Rolle der Lego-figur und befindet sich mitten in der Westernwelt Legoredo, in der Ninja World oder im Knights Kingdom.

Aussichtsturm

Alle Gebäude, Fahrzeuge, Figuren und Pflanzen sind selbstverständlich aus Legosteinen oder zumindest in Lego-Optik gebaut. Des ❤ Legoredo gehört zu den ersten Themenwelten, ältere Leser haben vielleicht noch ihr Lego-India-nerstirnband in der Erinnerungskiste. Bei den Piraten geht es ziemlich nass zu, Wechselkleidung im Gepäck ist hier ganz sinnvoll! Zu je-der Themenwelt gehören eine Achterbahn oder eine Geisterbahn. Der X-trem Racer im ❤ Adventure Land ist wahrscheinlich beides, denn in einer dunklen Passage stürzt der Racer unverhofft in die Tiefe! Noch mehr Nervenkitzel verspricht der ❤ Flying Eagle, der aus sagenhaften 12 Metern Höhe abstürzt.

Bei den Ninjas ist Geschicklichkeit gefragt. Man muss sich zwischen Laserstrahlen hindurch-schlängeln oder sich an Coles Kletterwand nach oben hangeln, um das Ziel zu erreichen. Schnelle Reaktionen sind auch im ❤ Polar Land hilfreich, wo man sich zum ❤ Ice Pilot ausbilden lassen kann.

Eine Oase der Ruhe ist die Unterwasserwelt ❤ Atlantis, die in die Gebäude der früheren Innenausstellung gezogen ist. Der Aquarienbetreiber **Sea Life** pflegt die

Ruhezone Aquarium

LEGOLAND

Lego House

Becken mit kleinen Haien, Rochen und Clownfischen. Lego hat die passenden Taucher dazu gebaut und mit einem U-Boot in die Tiefe geschickt. Die lustigen Pinguine im Polar Land sind ebenfalls echt.

Praktische Informationen zum Legoland

Am Wochenende und in den dänischen Ferien ist es besonders voll, ein Besuch in der Nebensaison oder einem Wochentag verkürzt die Wartezeiten. Alle Fahrge-

Auf Angebote achten!

schäfte, Rundfahrten und Spielangebote sind im 💗 Eintrittspreis enthalten, der so hoch ist, dass man möglichst viel dafür bekommen möchte. Für den Ausflug sollte man mindestens 4-5 Stunden einplanen. Im Sommer hat der Park bis zu elf Stunden täglich geöffnet, im Frühjahr und Herbst sind es acht bis zehn Stunden,

Öffnungszeiten beachten

im Winter hat das 💗 Legoland geschlossen. Imbissbuden, Restaurants und Picknickplätze gibt es reichlich. Essen darf man auch mitbringen, doch Pommes in Lego-Form wird man seinen Kindern nur schwer verweigern können. Kinderbuggys bekommt man am Eingang gegen ein Pfand per Kreditkarte. Rauchen ist nur in versteckten Ecken, fernab von allen Kindern, erlaubt. Hunde dürfen kostenlos mit ins Legoland, müssen aber an der Leine geführt werden.

Grenzenlos kreativ im Lego House

Das **Lego House** ist eine weitere Attraktion im Zentrum von Billund, gegenüber der ehemaligen Firmenzentrale. Entworfen wurde es vom Dänen Bjarke Ingels, der bekannt ist für seine spielerische Herangehensweise an große Bauvorhaben – bestimmt hat er schon als Kind für seine späteren Entwürfe mit Lego geübt! Das Lego House ist eine Mischung aus **Museum** und **Experimentarium**, gewürzt mit einer Prise 💗 ungewöhnlicher Gastronomie und verpackt in einem Gebäude, das wie ein großer, weißer Legobau aussieht. Allein die Architektur und die weitläufige, aber sehr übersichtliche Gestaltung des Innenraums sind einen Besuch wert. Die Ausstellung erstreckt sich über sechs Ebenen, in deren Mitte das größte, jemals gebaute Legoobjekt steht: der ♥ Tree of Creativity. Der Baum ist fast 16 Meter hoch und aus mehr als 6 Mio Steinen zusammengesteckt. An seiner Krone wird noch gebaut, zumindest symbolisch, denn Lego ist noch nicht am Ende aller Ideen angelangt! Das Untergeschoss, dessen Grundfarbe Schwarz ist, widmet sich der ♥ Geschichte der Spielzeugfabrik. Holzautos, alte Legokästen, Werbeplakate und kleine Filme erinnern an die eigene Jugend. Unter dem Dach in der weißen Zone würdigt die ♥ Masterpiece Gallery kreative Legokonstruktionen von Hobbytüftlern. In ihrer Mitte stehen drei mächtige Dinosaurier aus den Bausteinen je einer Lego Epoche. Dazwischen umkreisen ♥ vier farbige Kreativzonen den Baum: Emotionen, Kreativität, Logik und Rollenspiel sind die Schwerpunkte der Zonen. Ob man am großen Graffiti-Schloss mitbaut, seine Vision für eine moderne Welt mit Lego umsetzt, Fische im Aquarium zum Leben erweckt oder einen Rennwagen konstruieren und im Rennen testen will - überall stehen freundliche und engagierte Helfer zur Seite, die nichts unversucht lassen, um kleine und große Gäste zum Bauen zu animieren. Auch Profis sind noch am Werk, denn die Vision vom Wohnen, an der in der grünen Zone gearbeitet wird, ist noch lange nicht fertig.

Legomuseum

Experimentieren mit Lego

Zum Luftschnappen und sich Stärken gibt es mehrere ♥ Balkone mit Spielgeräten und Picknickbänken, selbstverständlich alle rauchfrei. Man sollte aber nicht zu viel Essen mitbringen, denn das ♥ Restaurant Mini Chef ist eine Attraktion für sich! Hier gibt es weder Kellner noch Küchenpersonal. Die Speisen werden mit Hilfe von farbigen Klötzchen ausgewählt, in der Küche von kleinen Robotern auf einem Tablett zusammengetragen und von zwei sehr lustigen, langarmigen Lego Robotern ausgegeben.

Legoroboter als Küchenchef

TIPPS ZUM LEGOLAND 🔲 🏰

Mehr Fotos aus dem Legoland und dem Lego House sowie praktische Informationen für einen Besuch in der laufenden Saison gibt es hier.

LEGOLAND

Taler du dansk? – Dänisch für Einsteiger

Es sind oft die kleinen alltäglichen Dinge, die das Leben in Dänemark von dem in Deutschland unterscheiden. Ob du Dänemark bereits vollends als Urlaubsland ins Herz geschlossen hast, erkennst du hieran:

❤ Du bezeichnest ein dreistöckiges Gebäude als Hochhaus

❤ Du zerrst Türklinken zum Schließen nach oben

❤ Du ziehst vor der Haustür immer deine Schuhe aus

❤ Du willst auf einem Parkplatz picknicken

❤ Du duzt jeden, auch den Finanzbeamten oder den Verkehrspolizisten

❤ Du suchst in Deutschland verzweifelt einen roten Briefkasten für deine Post

❤ Du passt deine Frisur nicht mehr deinem Typ, sondern den Wind- und Wetterverhältnissen an

❤ Du bekommst auf einer deutschen Autobahn bei 150 km/h einen Geschwindigkeitsrausch

❤ Du brauchst auch zum Dessert einen Schnaps

❤ Du rechnest die Preise in Deutschland in Dänische Kronen um

❤ Du nennst die See östlich von Jütland Kattegat, Storebælt und Lillebælt (und nicht Ostsee)

❤ Du traust dich „rødgrød med fløde" zu sagen (Rote Grütze mit Sahne)

❤ Du schmückst dein Haus zu jedem Geburtstag mit Fähnchen

❤ Du denkst bei rot-weiß nicht mehr an Pommes Frites

❤ Du findest Lakritz auf Softeis und in Schokolade total lecker

Dannebrog

Sag es auf Dänisch!

Hallo	**Hej**
Guten Morgen	**God morgen**
Guten Abend	**God aften**
Auf Wiedersehen	**Farvel**
Tschüss	**Hej, hej**
Ich heiße…	**Jeg hedder…**
Ja bitte	**Ja tak**
Nein danke	**Nej tak**
Bitte sehr	**Værs'go**
Entschuldigung	**Undskyld**
Wie viel kostet es?	**Hvad koster det?**

So wird es ausgesprochen:

Æ, æ = ä	wie in „Bär"
Å, å = o	wie in „offen"
Ø, ø = ö	wie in „öffnen"

TIPPS ZUM EINKAUF

Als kleinen Leitfaden für den Einkauf gibt es hier ein Dänisch-lexikon mit den dänischen Bezeichnungen der Lebensmittel zum Ausdrucken für den Urlaub.

Mein liebstes Urlaubsland? Dänemark!!!

Mein Herz schlägt für Dänemark, und es schlug immer lauter, je mehr ich von diesem schönen Land erleben durfte. Alles begann für mich 1975 auf einem Campingplatz in Henne Strand und so lag es nahe, mit meiner Trilogie an den Stränden der Nordsee zu beginnen:

Band I – Dänemark für Einsteiger beschreibt die beliebtesten Urlaubsregionen an der Nordseeküste, wo Dünen, Sand und Wellen die Landschaft bestimmen und die südlichen Ostseeküsten und -inseln. Hier wurden schon viele Herzen an Dänemark verloren!

Band II – Dänemark für Kenner entwickelte sich aus meinen Urlauben und Dienstreisen an die nördliche Ostseeküste, meinen Besuchen an Limfjord, Mariagerfjord und dem Seen-hochland und nicht zuletzt durch meine Begeisterung für dänische Inseln, angefangen vom kleinen Venø im Limfjord bis hin zur größten aller Inseln, Seeland. Überall gibt es tolle Ferienhäuser. Gerade für Individualisten ist dieses Buch ein guter Ratgeber. Wer „urdänisch" wohnen möchte, findet im Band II viele Anregungen.

Band III – Dänemark für Genießer ist ein Reisehandbuch, das sich nicht nur an Ferienhaus-urlauber richtet. Umfangreiche Tipps für die Städte Aarhus, Aalborg, Helsingør, Roskilde und besonders Kopenhagen machen Lust auf einen Städtetrip in diese dänischen Metropo-len. Und weil Genuss auf drei dänischen Inseln besonders großgeschrieben wird, habe ich Samsø, Læsø und Bornholm ebenfalls in diesem Band ausführlich gewürdigt.

Nützliche Links

Offizielle Website für Dänemark, auch
auf Deutsch
denmark.dk

Touristeninformation Visit Denmark
visitdenmark.de

Dänische Botschaft in Deutschland
(Einreisebestimmungen, auch mit Haustieren u.v.m.)
tyskland.um.dk/de

Einreiseinformationen des deutschen
Auswärtigen Amtes
auswaertiges-amt.de

Fahrplanauskunft mit Routenplan zum
Ausdrucken für alle öffentlichen Ver-
kehrsmittel inkl. Fußwegen
rejseplanen.dk

Feuerwehr und Notrufnummer
112

Polizei
114

Naturerlebnisse, Wanderwege,
Naturparks
naturstyrelsen.dk

Übersicht der E-Ladestationen
**goingelectric.de/stromtankstellen/
Daenemark**

Unter „find apotek"
die nächste Apotheke finden
apoteket.dk

Ferienhäuser, die Artikel aus dem Buch
in voller Länge und noch mehr Informationen zu Land und Leuten
fejo.dk

Angeln in Dänemark
fejo.dk/de/Angeln

Dänische Produkte, Lebensmittel,
Reiseführer und vieles mehr
dänemark.shop

Danke, danke, danke

Dänemark von Süd nach Nord zu bereisen, alle Strände und Urlaubsregionen zu besuchen und zu beschreiben war keine allzu große Anstrengung – im Gegenteil, es fühlte sich eher wie ein Urlaub an. Danke Henrik, dass du mich immer wieder losgeschickt hast! Aber aus den vielen Artikeln eine Auswahl für das Buch zu treffen, die Texte zu kürzen und ein passendes Layout zu schaffen, das hätte ich alleine niemals fertig bekommen.

Am meisten hat mich Sina unterstützt, die das Layout entwickelt und mit den Inhalten gefüllt hat – vielen, vielen Dank, liebe Sina! Danke auch an die fleißigen Korrekturleserinnen und an Nils, der sich um technische Details kümmern musste.

Ein ganz besonderer Dank gilt meinen Kolleginnen bei fejo.dk. Nicht nur für die vielen Fotos von euren Dienstreisen, sondern vor allem dafür, dass ihr mir mit eurer Arbeit den Rücken freigehalten habt!

Was wäre ein Buch ohne Bilder. Ich bin ganz begeistert darüber, wie viele Freunde und Kunden mir ihre tollen Bilder freigegeben haben. Vielen Dank dafür!

Kathrin von Maltzahn

Impressum

© 2023 fejo.dk GmbH, Düsseldorf

8. Auflage, Februar 2023

Wir freuen uns über Kritik, Verbesserungsvorschläge und Hinweise.

Autor und Redaktion: Kathrin von Maltzahn
Konzeption, Layout, Satz: Nørd Design GmbH, Hamburg
Art Director: Nils Kuhrt
Umschlag: Nicola Lapp (Titelbild), Daniel Möller Fotografie (Danksagung und Rückseite)

ISBN 978-3-00-048640-1

Skagerrak

Grenen
Skagen

Tannis Bugt
Hirtshals   Tversted   Ålbæk
Tornby   Kjul   Bratten

Nordsee

Lønstrup   Frederikshavn
Hjørring

Løkken   Sæby   Østerby
Vesterø   *Læsø*
Blokhus   Brønderslev   Lyngså
Fjå
Vigsø   Slettestrand   Aabybro
Bugt   Thorup

Nørresundby   Hou
Aalborg   Hals
Klitmøller   Egense   *Ålborg*
Løgstør   *Bugt*
Vorupør   Thisted   *Livø*
Trend   Rebild   Øster Hurup
Fur
Agger   Aars   Helberskov
Mors   Nykøbing

Hobro   Bønnerup
Vejlby   Gjellerodde   Fjellerup
Klit   Toftum Bjerge   Skive   Randers   *Fornæs*
Lemvig   *Venø*   Grenå
Struer   Viborg
Bjerringbro   *Nørreå*   Følle
Holstebro   Kjellerup   *Gudenå*   Mols
Hadsten   Ebeltoft
Vester   Fjand   *Storå*
Husby   Silkeborg   Aarhus
Ikast   *Aarhus*   Sjællands
Nissum   Herning   Skanderborg   *Bugt*   Nordby
Fjord   *J y l l a n d*   Norsminde   *Mårup*
Søndervig   *Mossø*   Odder   *Tunø*   *Sejerø*
Klegod   Ringkøbing   Sælvig   *Samsø*
Hvide   *Ringkøbing*   Skjern   Brande   Vesterløkken   Ballen   Røsnæs
Sande   *Fjord*   Stauning   *Skjern*   Give   Horsens
Årgab   Hedensted   *Endelave*   Kalundborg
Bjerregård   Bork Havn   *Omme*   Juelsminde   Fyns Hoved   Bjerge
Ølgod   Grindsted   Billund   Vejle   Hvidbjerg   Tørresø   *Romsø*
Houstrup   Nørre Nebel   Fredericia   Bogense   Hasmark   Kerteminde   Slagels
Henne Strand   Jegum   *Varde*   Grønninghoved   Middelfart   *Baring Vig*
Vejers Strand   Varde   Kolding   Sandager Næs   Odense   Korsør
Blåvand   Vejen   *F y n*   Nyborg   Skæl
Esbjerg   Rindby   *Kongeå*   Hejlsminde   *Arø*   Ringe   *Agersø*
Fanø   Sønderho   Ribe   Rødding   *Radbøl*   Assens   Tårup   *Lohals*
Vojens   Flovt   *Lillebælt*   Faaborg   *Småla*
Mandø   *Ribe*   Haderslev   Kelstrup   Helnæs   Svendborg
Arrild   Diernæs   Købingsmark   Nordborg   *Tåsinge*   Langeland
Lakolk   Løjt   *Lyø*   Rudkøbing   Spodsbjerg
Rømø   Havneby   Aabenraa   *Avernakø*   *Ærø*
Højer   Tønder   *Als*   Mommark   Nakskov
Sønderborg   Skovmose   *Ærø*   Ristinge   Lol

Sylt   *Sønderå*   Kegnæs   Bagenkop

Nordsee

Deutschland
(bis 1864 Dänemark)

0   10   20   30   40   50 Km